走近在川两院院士丛书

中国科学院院士
赵尔宓传

# 发现生命

傅佳妮 著

四川科学技术出版社
·成都·

**图书在版编目（CIP）数据**

发现生命：中国科学院院士赵尔宓传 / 傅佳妮著 .
一成都：四川科学技术出版社，2021.9
（走近在川两院院士丛书）

ISBN 978-7-5727-0263-1

Ⅰ.①发… Ⅱ.①傅… Ⅲ.①赵尔宓－传记 Ⅳ.
① K826.15

中国版本图书馆 CIP 数据核字（2021）第 177633 号

"走近在川两院院士"丛书

# 发现生命

——中国科学院院士赵尔宓传

FAXIAN SHENGMING——ZHONGGUO KEXUEYUAN YUANSHI ZHAOERMI ZHUAN

著　者　傅佳妮

出 品 人　程佳月
责任编辑　夏菲菲
责任出版　欧晓春
封面设计　李豇乐
出版发行　四川科学技术出版社
　　　　　成都市槐树街 2 号　邮政编码 610031
　　　　　官方微博：http://e.weibo.com/sckjcbs
　　　　　官方微信公众号：sckjcbs
　　　　　传真：028-87734039
成品尺寸　170 mm×240 mm
印　　张　16.75　　字数 200 千
印　　刷　四川嘉乐印务有限公司
版　　次　2022 年 1 月第 1 版
印　　次　2022 年 1 月第 1 次印刷
定　　价　58.00 元
书　　号　ISBN 978-7-5727-0263-1

"走近在川两院院士"丛书出版发行之际，欣逢中国共产党成立100周年。

党的十九大以来，以习近平同志为核心的党中央统筹中华民族伟大复兴战略全局和世界百年未有之大变局，站在党和国家事业发展全局的高度，对创新发展作出战略性擘画和系统性部署，先后提出一系列新思想、新观点、新论断、新要求，特别是对四川工作系列重要指示批示中多次强调创新发展，为我们指明了前进方向、提供了根本遵循。

在谱写全面建设社会主义现代化国家四川新篇章的生动实践中，以在川两院院士为代表的四川广大科技工作者，发扬心有大我、至诚报国、求真务实、锐意创新、勇攀高峰、无私奉献的科学精神，不辱时代使命，不负人民期望，勇于担当民族复兴大任，勇于挑战前沿科学问题，持之以恒加强基础研究，积极投身创新创业创造，推动了关键技术难题在川不断突破，科技创新捷报频传，科技成果蓬勃涌现，为四川经济社会发展提供了强劲的科技支撑。

院士是我国科学技术方面和工程科技领域的最高荣誉称号。两院院士是国家的财富、人民的骄傲、民族的光荣。习近平总书记在中国科学院第二十次院士大会、中国工程院第十五次院士大会和中国科协第十次全国代表大会上指出，我国广大科技工作者要以与时俱进的精神、革故鼎新的勇气、坚忍不拔的定力，面向世界科技前沿、面向经济主战场、面向国家重大需求、面向人民生命健康，把握大势、抢占先机，直面问题、迎难而上，肩负起时代赋予的重任，努力实现高水平科技自立自强！为此，大力宣传两院院士爱国敬业、无私奉献的先进事迹，广泛弘扬两院院士孜孜求索、勇攀高峰的优良传统，引导广大青年科技工作者学习先进榜样、激发创新热情，是全社会的共同责任。

2012 年，中共四川省委组织部、省科技厅、省科协联合启动开展了"走近在川两院院士"大型专题宣传报道活动。四川科技报社及《科幻世界》杂志社组织采访团队，经过数载的艰辛工作，采集了大量第一手权威资料，并以报告文学、人物通讯、人物专访等体裁，集结出版发行《走进在川两院院士丛书》。这套丛书的编写出版，既充分展现了在川两院院士成长经历中一个个感人肺腑的故事，也真实记录了在川两院院士在中华大地上铸就的一座座科技创新的丰碑。我们相信，这套丛书的编写出版，不仅可以让读者从中一窥两院院士波澜壮阔的人生历程、爱国敬业的崇高风范，也可以深切感受我省科学发展、技术进步的艰难历程和辉煌业绩，还将对引导社会公众践行社会主义核心价值观，树立学科学、爱科学、用科学的良好风尚，激励社会公众为建设世界科技强国而不懈奋斗产生重要影响。

书稿内容均经丛书编审委员会审定，并得到了院士及其家属的认可。如有不妥之处，敬请读者批评指正。

遗憾的是，赵尔宓院士于2016年辞世，没能看到这本书正式出版，在此向其家属深表歉意。

# 生命的不可思议

你知道金庸笔下的"神龙岛"真实存在吗？你知道西藏地区也有眼镜王蛇吗？你知道全身被蚂蟥吸附的感觉吗？你知道毒蛇并不会主动攻击人吗？请跟随动物学家赵尔宓，去领略这些生命的不可思议吧！

1859年，达尔文《物种起源》的出版，第一次把生物学建立在完全科学的基础上，以全新的生物进化思想，推翻了"神创论"和物种不变的理论，同时也使得人们对生物起源、演变、自然选择和物种进化产生了极大的兴趣，影响尤为深远。

中国是一个生物多样性相当丰富的国家，特有物种更是多达数千种。深入了解和研究有关两栖爬行动物的相关知识，不仅能引起青年一代对该类动物的兴趣和关心，培养人们热爱自然和生命的美好情感，体会人与自然和谐共存的诸多益处，同时还能从科学的角度系统地认知世界。

赵尔宓院士作为我国杰出的两栖爬行动物学家，在这一领域已经默默耕耘了数十载，对于推动人们更好地认识两栖爬行动物并与之和谐共存做出了巨大贡献。他是电影《叛国者》中，归国科学家牛玉生的原型；他是蜚声中外的动物学家，蛇中熊猫——莽山烙铁头蛇以他的名字命名；他是第一批到西藏研究两栖爬行动物的中国学者之一；他是第一个向全世界宣布在墨脱希壤采到眼镜王蛇的动物学家，出版了第一部系统地论述中国661种两栖爬行动物的专著……在对赵老伟大贡献表示感激之余，本书亦将带你走进这位学者的传奇世界。

赵尔宓院士简介

赵尔宓（1930年1月30日—2016年12月24日），四川成都人，满族，四川省学术和技术带头人，我国杰出的两栖爬行动物学家，一生考察和发现了多种珍稀两栖爬行动物，世界上最珍贵的蛇以他的名字命名。

赵尔宓于1951年毕业于华西大学生物学系，曾为美国康乃尔大学高级访问教授、美国伯克利加州大学客座教授，中国科学院成都生物研究所研究员，四川大学教授、博士生导师。

赵尔宓是我国首批入藏考察的两栖爬行动物学者之一，为西藏增加8个新种和10个中国或西藏新记录种，并首次报道在墨脱希壤采到眼镜王蛇，将其分布范围向北推移了4个纬度，认为这是亚热带动物沿雅鲁藏布江大峡谷水汽通道向北扩散的证据。依据爬行动物的分布，赵尔宓首先提出在动物地理区划的西南区增加一个新的"喜马拉雅南坡亚区"，并对西太平洋岛链两栖爬行动物区系形成和温带东亚两栖动物的分布格局提出自己的研究见解。

2001年，赵尔宓当选为中国科学院院士。赵尔宓一生出版了多种图文并茂、印刷精美的学术著作，他发现、考察和命名的"新生命"，将永远因他在生物史中熠熠生辉。

# 目录

1

"1978年6月3日中午1点，雨过天晴，考察船410号从旅顺港驶出，沿着辽东半岛全速向西前进，行驶到老铁山海面，远远地可以望见耸立在碧蓝色海水中的两颗明珠——海猫岛和蛇岛。驶过海猫岛，蛇岛的轮廓便越来越清晰。两小时后，考察船环绕蛇岛航行一周，让我们对这个神秘小岛的全貌来一次巡礼……"

　　这段文字出自于赵尔宓1982年发表的论文——《蛇岛猎奇》。赵尔宓曾三次登陆该岛，结束了"蛇岛蝮"40多年来被误认为是"中介蝮"的历史。

# 第一节　勇闯"神龙岛"

只有一无所知的人才不会怀疑任何事物。

——英国谚语

1979 年一天，雨过天晴，万籁俱寂。

湛蓝的天空像蓝宝石一样，一碧如洗。遥远的海面上跳跃着一层灿烂的玫瑰金。

海天的尽头，偶尔传来一声海鸥悠长的啼鸣。近处，"轧轧"的声音传来，一艘随波摆荡的汽艇发出低沉的暗吼，冲破了这让人略带不安的寂静。海风扑面送来大海特有的清新而又略带咸腥的气味，令人愉悦而警醒。

一位年逾不惑的探秘者正屹立船头，时而回首与助手闲谈，时而举手眺望他的目的地。此刻的他们即将乘船离开大连港，向一座神秘的岛屿驶去。

行驶许久，怪风又起，海面开始如沸水般翻腾，浪头刺耳地尖叫着，像海怪一样一个跟着一个迎着船头袭来，似乎想要阻挡勇士的涉足。有力的海水前仆后继地爬上甲板，把水手的下半身都打湿了。船颠簸得厉害，却依然随海鸥一起毫无畏惧地破浪前行，直到西北方海面上隐隐约约地出现了一个小黑点。

拿起望远镜一看，像是海面上的一座小丘，悬岩高耸，峰峦起伏，山沟里还有不少葱绿的小树。

"到了。"探秘者情不自禁地嘘了一口气。

这之前他们已经尝试过登岛，但由于风向问题总是耗尽力气，难以成功，

蛇岛（辽宁旅顺近海） 赵蕙 摄

这次总算能如愿以偿了。

　　按捺住紧张激动的心情，探秘者开始有条不紊地取出护身装备，将自己从头到脚包裹得严严实实，接下来的这套程序是每个造访该岛的人都必须要做的：

　　先慢慢地套上用帆布做成的防护服——这种衣服质地十分紧密，以防被尖牙咬透；再戴上椭圆形的竹罩，竹罩前镶着透明的胶片，既可防御袭击，又不会挡住视线；竹罩下边连着布做的套子，套在颈上用带子扣住，即使有什么东西落在肩膀上，也不会钻进衣服里面去；然后蹬上羊皮长筒皮靴，并紧紧地扎上厚呢做的护腿——他清楚小腿和脚被咬到的机会最多；最后再戴上白手套和衬绒的长筒手套。此刻的他，就像灾难电影里遇到生化危机的战士一样，谨慎肃穆，整装待发。

他是谁？要去哪儿？要做什么？

这里要牵扯出在武侠世界里大名鼎鼎的地名——"神龙岛"。

## 第二节 "神龙岛"原型

> 东海中有名的神仙岛。岛上生有仙果，吃了长生不老，有福之人才吃得着。
>
> ——《鹿鼎记》

"神龙岛"是文坛奇葩金庸先生的最后一部长篇小说——《鹿鼎记》中最重要的故事场景。书中提到，明末清初，有一个滋生于辽东地区的江湖邪教组织——神龙教，其总舵就设在"神龙岛"，岛上毒蛇盘踞。

金庸迷都知道，在金庸先生的作品里，一向是"逢山必有派，逢水必有帮"。除了引人入胜的故事情节，还有着大量的塞外风情、名山大川、古寺名刹，读者阅读时宛如在书中畅游。他小说中写到的许多景点都有原型，如浙江的桃花岛、天山的灵鹫宫、黄河源头的星宿海等，"神龙岛"也不例外。

书中对"神龙岛"的地理位置有精准描述："海路由西至塘沽口，可连京师、山海关；北至旅顺口，可接长白山、雅克萨。"可见该岛位于大连与烟台之间的渤海湾。

由此可确定，"神龙岛"也就是今日的"旅顺蛇岛"，当地人称"龙蛇岛"。

1992年，金老来旅顺访问时，亲口承认《鹿鼎记》是受了蛇岛的启发，为此，他还特意参观了旅顺蛇馆，并题字留念。

当这部杰作于1977年被第一次搬上电视屏幕时，从此一炮而红，被改编成多种影视剧版本。主人公韦小宝本想同施琅攻打神龙岛，却误上了胖头陀和方怡安排的贼船，被拉往"神龙岛"，误打误撞地在这里当上了白龙使，牵扯

蛇岛高而密的草丛　赵蕙　摄

出一系列故事。

　　就在人们还沉浸在荧幕中的曲折离奇的故事时，谁也没料到现实世界里，一位神秘的探秘者已经悄然踏上蛇岛，演绎了"勇闯神龙岛"的真实故事。

　　和故事不同的是，韦小宝是被懵懵懂懂地"骗"上去的，而他却是心甘情愿、坚定不移地"送"上门去的，其目的更让人瞠目结舌——抓蛇！

## 第三节　魂归现实

*罂粟有毒，蜜糖有刺。*

*——民间谚语*

　　现实中的"神龙岛"5亿年前就已经诞生，面积仅0.73平方公里，多少年来，在大连226个岛屿中寂寂无闻。直到20世纪30年代初，一群前往岛上修建灯塔的人惊奇地发现，这座看似毫不起眼的小岛竟盘踞着无数毒蛇，它从此得名"蛇岛"。从那之后，对于它的好奇与猜测就一直没有停止过。

　　1979年，蛇岛终于又迎来了两位新客人。这次探秘者偕助手而来，唯一的目的是为了验证心头的一个猜想。

　　这时，我们有必要回顾一下前后背景：从探秘者1978年6月第一次随大部队踏足蛇岛到1981年春天，整整3年，蛇岛上才成立了自然保护区管理处，有了一些科研人员的身影。

　　他去时，除了全副武装的科考队与极少数大胆的猎蛇者以外，几乎没人敢上去。蛇岛绿树成荫，风景秀美，同时也静得可怕。

　　罂粟有毒，蜜糖有刺。危险与妖艳并存是永恒的真理。

　　现在，蛇岛已近在咫尺。

　　他将遭遇什么？

　　此刻汽艇离岛已是近在咫尺。即使不再借助望远镜，岛上的灌木依然历历在目。探秘者没有急于登陆，而是像第一次登岛时一样先绕着蛇岛慢慢转了一

蛇岛海滩  赵蕙 摄

个圈，再仔细地观察了地形。

　　该岛险要的地势在他头脑中开始变得前所未有的清晰："神龙岛"东西长约 1 公里，南北宽约 0.7 公里，最高点 215 米，是一座屹立在渤海湾口的小山。它的西南面是倾斜 80°以上的悬崖峭壁，东北面是一个倾角 10～30°的斜坡，由山顶顺着斜面呈扇形伸展着六条长短不一的冲沟。岛上杂草丛生，冲沟两侧和部分山脊上长着茂密的灌木或灌木状乔木群落。悬崖峭壁中断裂岩层的鳞隙是海鸥的理想栖息地，当人们经过其下方时，它们受到惊扰，会突然成百上千地猛飞起来，叫声喧天。

　　他确认了该岛只有东北角一小片海滩比较平坦，其余的海岸都是几十米到

蛇岛蝮在石头上晒太阳　李建立　摄

一百多米高的悬崖，没有特殊的攀登设备，根本上不去。于是他决定就在那片小海滩上落脚。

汽艇像捕食前的猫一样缓慢地向海滩靠近。突然，密密麻麻的暗礁出现在船头区域，探测水深时才幸而发现。此刻继续前进无异于是粉身碎骨。汽艇只得退后，泊在离岛不远处，准备用小舢板把他们送上岛去。

可这里的海流一贯很急，浪头凶猛，连小舢板靠岸也并不容易。费了九牛二虎之力，他们才划近了海滩，谁料一不留神却又被退潮打回原地。

试了好几次还是不成功，探秘者浑身都被汗水和海水打湿了。最后一次，在小舢板被波浪冲近海滩的一刹那间，他抓住机会纵身一跃，敏捷地跳上海岸。回头望去，他发现自己要是动作稍慢，不但会错失上岸的机会，而且还会掉进浪里，不禁惊出一身冷汗。

然而至此，他的"神龙岛之旅"才刚刚开始。

小舟渐行渐远，海岸上只剩下他们两个人。

## 第四节　目标出现

适者生存，不适者淘汰。

——达尔文

和《鹿鼎记》中一踏上岛便是成群的蛇的情景相差甚远，真实的旅顺蛇岛除了在山脚处散布着零星杂草与灌木外，整个海滩全是光秃秃的鹅卵石，一片肃静，根本觉察不出生物活动的迹象。海滩很窄，从山脚到海边仅 30 余米宽，200 余米长，只有沉默的岩礁在东西两头悄悄地探出水面。

探秘者与助手再三仔细巡视后，确定附近没有毒蛇出没，也就放心地坐下，稍事休息。不过，他们只靠近海边坐，离山脚越远越好，心里始终绷着一根弦。

休息了好一会儿，两人的体力都恢复了许多，心跳也趋于平稳，于是站起来，开始往山脚进发。然而一路上，他们还是没有见到任何蛇的踪迹。

"都说岛上毒蛇多，渔民都不敢跟上来。可老半天了，连蛇的影子也没见。难道传说是假的？"助手开始犯疑。

"该岛草长石头多，是个长蛇的地方。"探秘者毫不迟疑地说。

但蛇都到哪儿去了呢？

逐渐变得陡峭的山坡又开始消耗他们的体力，他们开始需要靠着竹竿的支撑才能继续前进。

越往里行，越发体会到岛上树木的葱翠，它们此起彼伏地吐露着清新的氧气，抚平了他们心中的燥热。只是探秘者发现一个奇怪的现象：树木虽多，但都十分矮小，并且几乎所有树木的种类都是如此。例如，一种叫栾树的乔木，在别的地方本应很高，在这儿却成了小不点，平均只有两米多高，仿佛丛生灌木一样。可它们似乎毫未察觉到自己和外在世界的同胞们的不同，自顾自地顶着到处绽放的美丽的黄花，一路浩浩荡荡地从山脚开到山顶，到处都是。

除了栾树，岛上樱树、酸枣树也很多。蓝天绿树，薄云如丝，轻风细语，这满眼的春色如油画一般，再配上不知名的鸟儿的清脆啼叫声，一时间让两个人心旷神怡。然而，心醉之中，探秘者依旧在思索为什么这里的树都非常矮小？这太奇怪了。

他扒开土，捏了捏，闻了闻。土壤黑黝黝的，很肥沃，没错。按理说这儿的树木应该更高大才对，可为何事实不是如此呢？

他仔细在脑海中搜索各种理论基础，试图用科学知识来分析一下眼前的现象。忽然，达尔文"物竞天择"理论如彗星般划过他的脑海。

达尔文，全名查尔斯·罗伯特·达尔文（Charles Robert Darwin，1809 年 2 月 12 日—1882 年 4 月 19 日），是一位英国的生物学家，进化论的奠基人。这位 100 多年前的伟大生物学家，年轻的时候曾乘坐贝格尔号舰做了历时 5 年的环球航行，对动植物和地质结构等进行了大量的观察和采集。有一次，他也来

蛇岛蝮 赵尔宓 摄

到一个同样的小岛——就如探秘者今天发现的情况一样——所有树木都匍匐在地，最高也不超过 1 米。岛上的昆虫，只有翅膀很小的和没有翅膀的，这也引发了他的好奇心。

为了解释这种不寻常的现象，他不惜花 20 多年的时间去研究，最终发现原因——海岛上经常刮狂风！就这么简单。

中国有句古话叫作"树大招风"，意寓高大的树木最容易被狂风折断，甚至连根拔掉，就如同这里的情况一样。

天长日久，是狂风逐渐淘汰了岛上的高大树木，矮小树木却继续枝繁叶茂，代代相承，甚至连一些本应高大的树木，也因为要适应于这样的环境，逐渐让自己变得矮小起来。

这类现象使达尔文心中慢慢产生了"适者生存，不适者淘汰"的思想，也就是"物竞天择"理论。

随后他据此为基础，出版了《物种起源》，提出了生物进化论学说，从而摧毁了各种唯心的神造论以及物种不变论。

除了生物学外，他的理论对人类学、心理学、哲学的发展都有不容忽视的影响。恩格斯将"进化论"列为19世纪自然科学的三大发现之一（其他两个是细胞学说、能量守恒定律），对人类有杰出的贡献。

因此旅顺蛇岛上面的树木异象，一定也是有着同样的理论因素。岛上有一些与众不同的环境特质，而从这些矮小的树木身上，探秘者也隐约感到该岛的主要生命——蛇，也可能有着与外界与众不同的特质。

他拍拍手里的泥土，继续往前走。不一会儿，便来到岩石较多之处。这里的岩石有的重叠成堆，像倒塌的石塔；有的层层累积，像有序的石级。岩石之间是一丛一丛的杂草，石级旁边偶尔也看到一些匍匐的野葡萄藤。

见此情状，探秘者心里的弦又"噔"地一下绷紧了。他停下脚步，挡住助手，眼观四方。长年在野外工作的他视力不错，多亏了这个优点，让他一下子便敏锐地瞥见在一块大石头上赫然盘踞着一条灰褐色的蛇！

他三步并作两步地走上前去，右手用蛇叉叉住蛇身，左手张开蛇夹夹住蛇颈，蛇乖乖地就擒了。

手中的猎物大约有 60 厘米长，三角形的头，细细的颈，胖胖的身体，短短的尾巴。它的尾巴像鞭打什么似的，使劲向左右乱甩，发出一种奇怪的声音来。这个细节提醒了探秘者，他心中暗暗推断，它和响尾蛇是同一类的毒蛇。

响尾蛇生活在美洲，尾巴上有一串角质环。它爬行的时候，角质环一振动，就能发出声音，令别的动物闻风丧胆。

他迫不及待地再一细看：该蛇嘴尖不向上翘，头顶上的鳞片很大，成对排列，很像乌龟壳。眼睛前面有一个小小的凹窝，后面有一条黑纹。他来之前心头的疑云开始逐渐消散，不禁微微一笑。

此刻，蛇大概被夹痛了，扭转头，张开大嘴，上颌的一对又长又尖的牙齿也露了出来，现出咬人的姿态。他忙不迭地把蛇夹子紧了紧。他清楚这蛇的毒牙虽然看起来很细，中间却是空的，就像管子一样。咬人时，毒囊上面的肌肉一收缩，就把囊里面的毒液压入毒牙的管道，打针一样注射到人的身体里去了。这毒液会迅速随着血液散布到人的全身，轻者皮下出现大片的瘀血斑，重者脑膜和内脏黏膜也会出血，最终死亡。像他手里的这条蛇，一克毒液虽然只有花生米大小，却能毒死几百只兔子或几万只鸽子。只要有十分之几克的毒液进入血液，人就会丧命，所以万万不可掉以轻心。

　　他们小心翼翼地将蛇放进蛇笼里，继续前进。

## 第五节　堕入蛇窝

不入虎穴，焉得虎子。

——陈寿《后汉书·班超传》

首战告捷。俩人都情绪高涨。不一会儿，他们又发现面前的草丛里盘踞着两条同样的毒蛇。幸亏他们眼快，不约而同地后退了几步，没有踩在蛇身上。

探秘者悄悄而又敏捷地用蛇夹子夹住了其中一条大的，立刻拉开蛇笼子的门，把蛇放了进去。之后又去夹那条小的，这条蛇没有来得及逃走，也成了他的捕获物。

"一刹那间就出现了两条蛇，说明前方蛇会越来越多。一定要小心！"他提醒助手要更加警惕地注意周围的一切。

不仅下脚的时候万分当心，更留意保护双手。尽管手上已经戴上手套，但是不够厚，这是他们护身装备中最薄弱的地方。

岛上根本没有路，越向上走，山坡越陡，蛇也更多了。走了半里路光景，一条很深的山沟拦着去路。沟里小树很多，到处都是芦苇，人一走进去就看不见了。

忽然，助手惊叫起来："老师，我们好像被蛇包围了！"

此刻绕在树杈上的是蛇，盘在石头上的是蛇，地上游动的也是蛇。有时候，足尖碰到了软绵绵的东西，低头一看，还是蛇！

蛇岛以毒蛇多而闻名，果然名不虚传！这里的蛇都非常善于伪装，裸露的岩石上盘卧着昂首而视的毒蛇，如石头的裂缝；树干上攀附着像弹簧一样静待捕食的毒蛇，酷似枯干虬枝；草丛中蜷伏着毒蛇，大石块下方也隐藏着毒蛇，让人难以识别。只有经过一番仔细观察，才能发现遍地皆蛇的奇观。

它们懒洋洋地盘旋着，游走着，似乎毫不在意身边有一个冷汗淋漓的闯入者。

冷静，此刻一定要冷静。探秘者知道，和《鹿鼎记》里蛇主动攻击韦小宝的情况不一样，现实生活中除非你主动去攻击它，否则毒蛇绝不轻易咬人。

于是他叮嘱道："不要用手去按石头，否则可能会按在蛇身上；也不要去握树枝，也可能会握住蛇。尽可能朝石头多、草长得少的地方走。虽然石头上蛇也很多，但比较容易发现，明枪易躲，暗箭难防啊！"

师徒二人屏住呼吸，轻轻用竹竿拨开芦苇和杂草，谨慎地避开有蛇的地方。此刻如果稍有不慎，踩着或抓着蛇身，便有被它狠咬一口的危险！所幸他们全身都有严密的防护，即或被咬也难伤及皮肤，因而能够毫无顾虑地在岛上行走和工作，只需处变不惊，按经验行事，便能脱离险境。

回头看，这条100多米长、10多米宽的山沟，真是个蛇窝啊！他们这天抓到了不少蛇，背上山的蛇笼全部装满了。望望天空，时候已经不早了，他们决

蛇岛蝮吃鸟　李建立　摄

定立刻下山。

　　傍晚，海滩上的风也凝固了，浪也柔和了，空气中弥漫着黄昏的味道。片片红霞漂浮在海平面尽头，落日的余晖从云缝里透出几道金光，把大海也染红了。一切都与刚上岸时不同，只有海鸥依旧不知疲倦地在头顶翱翔，"吉阿！吉阿！"地叫着。

卸下沉重的护身装备，喝了几口热水，往地下一躺，轻松和愉快潮水一样地漫过身心。

海滩的边沿上长着无数鲜美的海胆，硕大无比，它们缓缓地蠕动着。探秘者用鹅卵石轻轻敲开一颗海胆的壳，挖出一团淡黄色的东西尝了尝，那鲜美的滋味席卷了他的身心……

就这样，日升日落，每天的美景和奇遇轮番而至，经验丰富的他们在岛上有惊无险地待了一周。

一周后，载他们归去的小船如约而至，将他们带回了灯火辉煌的大连港口。

# 第六节  赵尔宓与他的蛇岛新发现

> 我确定这不是中介蝮，而是一种全新物种——"蛇岛蝮"，全世界只有大连旅顺的蛇岛才有。
>
> ——赵尔宓

以上情景并非冒险小说，而是来自于两栖爬行类动物学家、中国科学院院士赵尔宓的亲身经历。赵尔宓是我国杰出的两栖爬行动物学家，也是世界知名的两栖爬行动物学者之一。他大半生都与蛇打交道，由于研究领域的特殊，他时常需要进行野外考察与采集，其足迹上至高山，下至丛林，十分惊险，这样的生活从 1956 年延续到 2007 年。此次勇闯蛇岛时，他正值 48 岁。

在这次登岛之前，他已于 1978 年随辽宁科考队登陆过蛇岛。他将这次经历写进了《蛇岛猎奇》的论文中，发表在《动物志》上。然而，他并未停下考察的脚步。1979 年，他又带上助手吴贯夫两次登岛。

赵尔宓屡次前往蛇岛，是因为有一个重要疑问始终萦绕在他心间——岛上的蛇真叫"中介蝮"吗？

他说："最早发现蛇岛上有这个蛇的是个日本人，叫长谷川秀治。他鉴定是中介蝮，所以大家都以他为准。"

可是，他看过标本后认为不像是中介蝮，很可能是另一种未经报道的新种。至于这种蛇的具体名称是什么，他也不确定。

"没有见过，"他说，"我就想，到了蛇岛再说吧。"

就这样，本着求真务实的科研精神，赵尔宓开始了他的蛇岛之旅，研究岛上被认为是"中介蝮"的毒蛇。

赵尔宓探索蛇岛时，那里还没有开发成如今的旅游区，只有守岛工人住的平房。

此次行程，赵尔宓抓到了几十条蛇，带到成都采集蛇毒之后，又带到上海与中国科学院上海生化所和生理所合作研究。岛上的亲身观察以及科学实验，让赵尔宓验证了蛇岛上的蛇是一个全新种的推断。

他说："我确定这不是中介蝮，而是一种全新物种——'蛇岛蝮'，全世界只有大连旅顺的蛇岛才有。蛇岛蝮比中介蝮粗短，长时间待在树上，静止时，仿佛是一根根树枝，树皮灰色的躯干使它们不易被辨识出来。中介蝮体呈沙黄色，大多栖息在灌木或乱石堆中。它们的生活习性也有很大差别：中介蝮不上树，很少吃鸟；岛上蝮蛇不但上树，而且吃鸟。"

他还发现："蛇岛蝮是世界上唯一一种既冬眠又夏眠的蛇，一年只捕食几次就可存活下来，在漫长的岁月中，蛇岛可能经历过多次浩劫。在浩劫中，其他物种纷纷消失，少量的蛇类侥幸生存了下来，成为今天蛇岛蝮蛇的祖先。"

赵尔宓所讲的这个浩劫实际上发生在距今几千万年前。当时，由于各种自然原因，一场巨大的造山运动轰轰烈烈地开始了，使得渤海地区下陷，最后形

年轻时的赵尔宓全副武装登上蛇岛

成了辽阔的渤海，并隔开了辽东半岛和山东半岛。旅顺蛇岛也是在那场剧烈的造山运动中诞生的，直到今天人们还能从它的四周看出断裂的痕迹。

在这场浩劫之前，这里还不叫蛇岛，因为它还不是岛，只是与大陆连接的一座座小山峰。这里可谓是大自然专为动物创造的伊甸园：冬暖夏凉，空气湿润，树木成林，绿树成荫。那天上飞的，地上跑的，食肉的，食草的，凶猛的，温顺的……各种各样的动物汇聚到这里，构成了一条完整的食物链。蓝天下，有小鸟在枝头唱着动听的歌，青蛙、知了也跟着凑趣，还有小鹿、山羊、白兔尽情奔跑着。可一旦狼和鹰来了，动物们便拼命地奔跑，鸟儿狠命地乱飞，最终还是弱者成为强者的美餐。弱肉强食、优胜劣汰是大自然里残忍而不变的规则。这里的动物、植物正是用这种方式保持着特有的生态平衡，使得它们自己按合理的数量存在着、繁衍着。

然而，动物们可以接受大自然的规则，却经不起大自然的变故。某一天，突然的天塌地陷，使得四周都成为悬崖峭壁，外边是茫茫大海。曾经的伊甸园成了一座孤岛——且是一座很小很小的孤岛。

当乐园变成"地狱"，小岛成为残酷的战场，幸存下来的绝大部分动物都遭遇了灭顶之灾。

食草动物们没有食物，奄奄一息，只能等待着被食肉动物吃掉。当岛上几乎所有的食草动物、比较弱小的食肉动物甚至鸟类都被大型食肉动物吃光后，这些最后的食肉者们就开始互相残杀。就这样，在几个月的时间里，小岛沦为了彻底的荒岛，几乎没有生命的迹象。

很快，新一年的秋天又到了，北方的候鸟飞来了。它们长途跋涉，准备飞到南方去过冬，这里是它们的必经之地，为它们疲惫的海上长途旅行提供了一个暂时休养生息的地方。小岛又因为这些客人恢复了些许生机。它们唱着歌，饮着水，吃着草籽，快乐地在这里调养着身体，时刻准备飞向温暖的南方家园。

赵尔宓院士晚年在科学访谈节目上再谈蛇岛的奥秘

可这时，一种黑黑的爬行动物从岩石缝里钻了出来。它们盘旋到树上、缩到草丛里、贴附在岩石上，一动不动地等待着，和周围的环境融为一体。当毫无防备的可怜的候鸟不经意地落到它旁边时，它们便猛扑过去，把毒液迅速注入小鸟的体内，使得猎物很快就被毒死，成为它们的美食。

饱餐一顿后，消化四五天，再静静地等待着新猎物的到来。

这种爬行动物，就是后来大名鼎鼎的蛇岛蝮。

随后很长一段时间内，蛇岛蝮成了这座小岛的主宰，成了彻头彻尾的"主人公"。

可为何几乎所有的动物都灭绝了，只有蛇岛蝮能生存下来呢？

原来，蛇岛蝮是一种忍耐力极强的爬行动物，它们可以很长时间不进食也不会死亡。在那场天灾中，它们全部躲进深邃而坚硬的岩洞里。伴随着强烈地震的发生，当然也因此死亡了很多，但还有一些活了下来。

没有食物，这些幸存者就忍耐着；没有阳光，它们也能接受。它们以最卑微的姿态紧贴着大地，保存了自己的体力，延续着自己的生命。直到几个月后，候鸟飞来了，用自己的身体给它们带来了新的生命补给，才彻底救了这些幸存者们的命。

但是，岛上没有任何可供食用的东西，一年只有春秋两季候鸟飞来。慢慢地，这些幸存者们也就学会了罕见的"夏眠"，为的是节省体力、保持体内的营养，好让自己活到食物自己飞来时。

因此，蛇岛蝮是世界上唯一一会"夏眠"的蛇，除它们之外，所有的蛇乃至地球上绝大部分生物都是把夏季作为最好的捕食季节。

达尔文的"物竞天择"论在这儿得到了最好的展现。正因为这些蛇岛蝮强迫自己适应了那种恶劣的环境，才能最终在岛上繁衍生存了几千万年。

可以说，这些蛇岛蝮创造了生命的奇迹，是大自然规律的最好见证。它们也因此成了当地人乃至小说里的故事和传说。

然而，赵尔宓也纠正了传说中的夸大之处——如果说岛上有几十万条蛇，那确实是估计过高了。他估计当时"大约有 2 万条，这可能比较接近事实"。

1978 年，他曾随辽宁省蛇岛考察队从北岸的不同地点登岛，分别沿各冲沟爬上顶峰进行考察和科学试验。他们在不同季节共选择 83 个样方，代表各种环境对毒蛇进行数量统计，算出全岛约有 2 万条毒蛇。

蛇岛的面积很小，却有约 2 万条毒蛇，也无愧为毒蛇的王国了！

# 第七节　蛇岛蝮的奥秘

　　近年来，由于人为干扰的增多，已使蛇岛蝮的数量有显著的减少，希望引起有关方面的注意！

——赵尔宓

　　1982 年 3 月，赵尔宓将此行的发现比较系统地发布在《四川动物》（第一卷，第一期）中。他发现岛上的动物除毒蛇以外，实际上还有各种昆虫以及蜈蚣、鼠妇等无脊椎动物，脊椎动物中以鸟类，尤其是迁徙途中飞经岛上作短暂停憩的各种候鸟较多，此外还有少数褐家鼠及蝙蝠。

　　蛇岛上的毒蛇虽然很多，从种类上说却只有一种。它们与大陆上常见的毒蛇很相似，可是也有一些显著的差别：蛇岛蝮的体躯较粗长，体色较灰暗，与岛上的岩石或黄榆、栾树等植物的树皮上的色斑很相近；眼后的一道黑眉较窄，黑眉的上缘没有蝮蛇那样一条显著的白纹，而在黑眉的下缘却有一条虽细但却清晰的白纹；上唇的浅灰色较宽，除占据全部上唇鳞外，还占据相邻颊鳞的一半。

　　大陆上的蝮蛇与之比较，迥然不同。大陆上的蝮蛇体型较短而略细，眼后黑眉较宽而上缘有一明显的黄白色纵纹（通常被称作"白眉"），仅上唇鳞部分为灰白色。

　　赵尔宓解剖蛇岛上的毒蛇，取胃检查时发现，成年蛇主要捕食小鸟，幼蛇则吃蜈蚣、鼠妇或昆虫。成年蛇吞吃比自己头大几倍的小鸟的方式也很特殊：候鸟经过长途飞翔，好不容易在渺茫的大海中发现蛇岛，疲乏的小鸟毫无警觉

警觉的蛇岛蝮　赵蕙 摄

地停憩在树枝上，却不幸落入守株待"兔"的毒蛇的攻击范围内。

　　狡猾的毒蛇此时毫不犹豫地冲击上去，用毒牙狠狠地咬小鸟一口。几分钟后，受害的小鸟在蛇毒的作用下，奄奄一息地掉下枝头，毒蛇或者将它衔住，或者跟着掉下去，再从容不迫地开始吞吃。因此树下到处可以发现杜鹃、黄鹂、松雀鹰或山斑鸠等体形较大的鸟尸，它们多半是遭受毒蛇攻击的牺牲品，或者由于个体较大毒蛇无法吞食，或者由于掉下后没有被毒蛇找着，因而暴尸荒野。

　　据研究，蛇岛蝮的主要食物是鸟类，鸟类的习性及活动规律在很大程度上决定了毒蛇的生活习性及活动规律。譬如：与吞吃鼠类、鱼、蛙的蛇不同，蛇岛蝮经常盘踞在树上，它们每天攀上枝头的时间，也与鸟类大量停憩在枝头的时间相应，即每天早上五点到十点、午后三点到七点为最多。

另一方面，蛇岛蝮的季节活动规律也与候鸟飞经蛇岛的季节一致。春、秋两季当南来北往的候鸟成批地在蛇岛上停憩时，也正是蛇岛蝮一年中活动的高峰。

除具有冬眠习性外，蛇岛蝮在夏季(7月前后)也有一个蛰伏不活动的时期。夏眠看来不是由于气温太高，因为蛇岛在夏季并不十分炎热，7月前后也不是气温最高的时候。蛇岛蝮夏眠明显地是因为这时岛上的鸟类数量很少，食物缺乏所致。一般只具冬眠习性的蛇，秋末才有大量的脂肪体积蓄于体内。解剖六月初采到的蛇岛蝮，体内已积累了大量的脂肪体，说明它们在食物短缺的夏季来临前，已做好充分的储备！

蛇岛蝮的繁殖方式是卵胎生，在每年的八九月份产出仔蛇。六月初采到的雌蛇，已是"大腹便便"，输卵管内怀有2～6枚大卵，有的已开始发育。这些怀孕的雌蛇常常贪恋西下的夕阳，以便充分延长曝晒的时间，争取获得更多的温暖来促进体内蛇卵的发育。

蛇岛的面积不大，总共不过0.7平方千米，但作为蛇的"乐园"，已是绰绰有余。因为一般蛇的活动范围并不太大。辽宁省蛇岛考察队发现，用铅油涂上标志的同一条蛇，每天都爬到同一树枝的固定位置等候捕食，甚至时隔八个

2000 年，赵尔宓与澳大利亚同行人员在大连旅顺蛇岛考察

多月之后，这一条蛇仍准确地栖息在原来的地方，这说明蛇有精确的定向能力。

研究动物的定向作用，是动物生态学上的一个重要课题，它对仿生学的研究具有有益的启示。另一方面，将采自甲沟的蛇用铅油涂上标志后，人工流放到相邻的乙沟去，12 天之后，发现它们翻越山脊，经过 300 多米的跋涉，仍旧能够返回原来的甲沟，这种现象在生物学上叫作"返巢行为"。研究返巢行为的生理机制，也是行为生物学中的一个有趣方面。

至于为什么小小的蛇岛上会聚集成千上万条毒蛇呢？赵尔宓院士也作出了解答，原因是多方面的：

首先，有成批的候鸟在迁徙途中飞到蛇岛上停憩，岛上还有无数的昆虫和其他无脊椎动物，给蛇岛蝮提供了充足的食物，食物丰富，是保证蛇类大量滋生的重要因素。

其次，蛇岛上植物茂盛，又多岩石罅隙，给蛇岛蝮提供方便的隐蔽和栖息场所。再就是岛上没有人居住，亦很少其他天敌，也使蛇岛蝮能保持较大的数量。

还有一点大概也是保证它们大量繁殖的因素：他们在岛上进行的几次抽样采集，发现雌蛇远比雄蛇多，与辽宁省蛇岛考察队关于蛇岛蝮两性的比例为雌蛇：雄蛇 =1.74：1 的结论基本上一致。

辽宁大学与辽宁师范学院生物系等单位曾对蛇岛进行了系统的科学考察。中国医科大学等单位用蛇岛蝮的毒液进行临床治疗试验。蛇岛独立于渤海湾内，是一个天然的自然保护区，它为研究毒蛇及蛇毒提供了一个理想的基地。

因此赵尔宓呼吁我们应该加强对蛇岛的保护管理与合理使用，他曾在论文结尾处恳切地写道："近年来，由于人为干扰的增多，已使蛇岛蝮的数量有显著减少，希望引起有关方面的注意！"

根据这些研究成果，赵尔宓分别于 1979 和 1980 年在《两栖爬行动物研究》杂志上发表论文《我国蝮蛇种下分类的探讨》《蛇岛"蝮蛇"的分类学研究》。

2003 年，73 岁的赵尔宓和学生再上蛇岛，在崎岖山路上前行
左起：周正彦、李建立、赵尔宓、刘明玉　赵蕙 摄

从此，人们开始用"蛇岛蝮"这个新名字称呼这种被误认了 40 多年的蝮蛇。

此外，赵尔宓还向政府建议把蛇岛辟为自然保护地，作为进一步研究蛇岛蝮生态的基地。

如今，该岛已经成为国家自然保护区，禁止一切商业狩猎行为，希望蛇岛蝮们能继续生活在这个与世无争的天堂里。

当年蛇岛探秘只是赵尔宓院士考察生涯中的一段插曲。赵尔宓的采集生涯开始于 1956 年，那一年，他才 26 岁，刚刚接触两栖爬行动物的研究。之后，几乎每年他都会到野外工作一段时间。

半个世纪以来，他的足迹延伸至险峻山峰，深入到茂密丛林，拓展至荒芜绝地。他发现了一个个造物主的杰作，给我们带回一个又一个惊喜。然而，因受家族遗传影响，84 岁的赵尔宓记忆力逐渐衰退。新记忆像沙滩上的画卷，随潮涨潮落而消逝；而过往片段，则像玉石一样镶嵌在他心底。

2013 年，作者数次拜访赵老，潜入他记忆长河之中，摸索出了那颗最为璀璨的玉石——科考历险记。

# 第二章　生死墨脱

年轻时的赵尔宓

# 第一节　征服鬼门关

*科学是使人的精神变得勇敢的最好的途径。*

——布鲁诺

为了得到两栖爬行动物的第一手资料，赵尔宓长期以干粮和泉水为伴进行野外考察。从东北林海雪原，到西北草原荒漠；从西藏险峻山峰，到海南热带丛林……他用脚丈量着中国的每一寸土地，把自己的青春和激情都献给了两栖爬行动物事业。

谈起他研究的危险性，赵尔宓说，"我胆子很小，特别谨慎，所以从未被毒蛇咬过。"

自称"胆子很小"的赵尔宓，实际上却有着许多九死一生的冒险经历。1978 年的蛇岛探秘只是他考察生涯中的一个片段而已。1973 年，赵尔宓还参加了青藏高原、横断山和西藏南迦巴瓦峰等重要地区的综合科学考察，成为首批入藏考察的两栖爬行动物学者之一。

那时正值 20 世纪 70 年代，国家亟须了解全国各地的动植物资源，特别是对人迹罕见的青藏高原地区动植物的资源情况更为需要[1]了解，于是，一支勇敢的科考队应召而生，开创了我国西藏科考的先河。这批伟大的科学家对青藏高原、横断山和西藏南迦巴瓦峰等重要地区进行了综合科学考察，这些考察在我国历史上具有里程碑意义。

---

[1] 2012 年 6 月 18 日，中国科学院西北高原生物研究所建所五十周年所庆报道。

这次考察后，赵尔宓首次提出了在动物地理区划的西南区增加一个新的"喜马拉雅南坡亚区"，对西太平洋岛链两栖爬行动物区系形成和温带东亚两栖爬行动物的分布格局提出了自己的研究见解，为我国两栖爬行动物的研究作出了重要贡献。

回首往事，赵尔宓坦言，"这是 50 多年考察生涯中最艰难的一次经历。"

尤其是进入西藏墨脱的那一幕，一切都还历历在目……

"大家跟上，跟上！"领队声嘶力竭的呼叫声回荡在冰天雪地之中。

冰风冷雨劈头盖脸袭来，让赵尔宓一队的学者们冻彻骨心。他们此刻本已筋疲力尽，双脚就如灌铅般寸步难移。寒风扑打在木僵的脸上，像一把把锋利的小刀，不但切割着外在的肌肤，还顺着呼吸钻入体内，切割着他们的五脏六腑，混合着死亡的味道。赵尔宓感到肺部仿佛被什么东西堵住了，心脏怦怦乱跳，像要从胸膛里挣脱出来，太阳穴剧烈地疼痛着。

这，就是多雄拉山口——墨脱路上的"鬼门关"。多雄拉山口位于喜马拉雅山脉北段主脊，足有 5500 多米长，终年积雪不化，经常大雾弥漫，雨雪冰雹说来就来，但又是进入墨脱的必经之路。

这里暴雪频繁，许多负重的民工和马匹因此永远留在了雪山之巅。1988 年，这里甚至坠毁过一架黑鹰直升机。

更恐怖的是，每到中午 1 点左右，炙热的阳光会令部分冰雪从下部融化，雪崩和冰层塌方会随时袭来，因此必须在 1 点前翻越过去。

巨大的生理和心理压力令每个人都默默无言，连打个招呼都是对体能的最大消耗。

可是蜿蜒曲折的漫漫山道啊，仿佛永远也爬不完。

挣扎着抬头望去，只见山顶全部藏进雾中，什么也看不见。除了充斥在耳边"哗啦啦"的风声，就只有一阵阵杂乱无章的"呼哧"抽气声，以及登山鞋缓慢而沉重地踏进雪中时发出的"咔嚓"声。

这样单调机械地重复到即将绝望时，"呼啦啦"，不远处一串飘扬的经幡正扯成直角猎猎地抖动着，这是到达西藏的标志——终于到山口了！

赵尔宓想高兴地喊叫一声，才发现嗓子居然哑了。

扭头看看身边的同伴，每个人都湿漉漉的，外面是雪水，里面是冷汗。

沉默的多雄拉山口上，浓雾漫漫，寒风肆虐。一群渺小的黑影屹立着，喜马拉雅山风从峰顶贴着岩壁直刺下来，呼啸着直往他们衣领和裤脚里钻，几乎要将他们掀起来。队员们个个嘴唇发紫，脸色发青。在能见度不到 10 米的雾气中，他们恍惚看见身边有几堆呈挣扎状的骡马骨架，顿时头皮发麻。大伙打着手势，互相招呼不要停下，赶快前进。

## 第二节　英雄考察队

他们的使命不单是调查国土资源与环境状况，而且赋有重要的全球性的科学意义和为国家领土完整等重大政治意义。

——《雅鲁藏布大峡谷科学考察大事记》

屹立在多雄拉"鬼门关"的英雄们不是别人，正是我国 20 世纪 70 年代最有名的科学家们。他们正进行的这次考察，是我国历史上一次具有里程碑意义的重大考察。

对于我国轰轰烈烈的西藏科考历程，《雅鲁藏布大峡谷科学考察大事记》中如是记载：

20 世纪下半叶，中国科学工作者曾多次进入大峡谷地区进行科学探险考察。他们的使命不单是调查国土资源与环境状况，而且赋有重要的全球性的科学意义和为国家领土完整等重大政治意义。

1973 年，关志华、杨逸畴、郑锡澜、章铭陶、何希吾、鲍世恒等 6 名科学家和马正发同志自派区出发，翻越多雄拉，先达希让，再溯江而上，沿河谷到甘代以后，由于山势陡峻，无法沿河考察，只好翻山插到扎曲，揭开了雅鲁藏布大峡谷地区科学考察序幕。他们获取了大量的第一手地质资料，为最终的大峡谷穿越壮举打下了坚实的基础。

1974 年，关志华、杨逸畴、章铭陶、鲍世恒、肖树棠 5 名科学家和上海科教电影制片厂的赵上元同志自派区沿江而下，经过加拉进入无人区，艰苦地沿江考察，到达白马格雄后，因地势太陡峭，无法前进，只好沿原路返回派区。

1973年墨脱留影，前排自左至右：高原、赵尔宓、杨营长、刘政委、李参谋，
后排自左至右：蔡桂全、王祖祥、武云飞、吴学恩、吴贯夫、姚干事

1974—1975年，孙鸿烈、陈宜瑜、李文华、张新时、曹文宣、李明森、郎
楷永、陈伟烈、武素功、倪志诚、韩裕丰、姚培智、章炳高、桑吉、高以信、
郑长录、李铁生、黄复生、陈嘉佑、郑度、赵尔宓、谌漠美（女）、郑昌琳、
蔡桂全、武云飞、徐凤翔（女）等科学家也先后到过墨脱地区考察。

1982—1984年，雅鲁藏布大峡谷地区考察活动再次掀起高潮。配合国家登
山队攀登南迦巴瓦峰，以刘东生为队长，杨逸畴、高登义为副队长的中国科学
院登山科学考察队，以南迦巴瓦峰为首的大峡谷地区开展了全面的多学科综合
科学考察，前后有百余人次涉及26个专业，队员分别有李渤生、张文敬、王
天武、章振根、徐宝慈、杨惠心，严江征，王维、严邦良、陈顺才、林振耀、

1973 年，赵尔宓是首批入藏考察的两栖爬行动物学者之一

彭朴拙、刘全友、韩寅恒、程树志、倪志诚、卯晓岚、苏永革、庄剑云、刘玉海、张振栓、刘世建、王志超、张厚生、陈亚宁、赵劲松、杜继武、林再、夏凤生、杜泽泉、徐敬涛、潘惠根、谢国卿、陈发财等。他们从不同方向的六条路线进入大峡谷考察，获取了丰富的第一手资料，这是对大峡谷地区最全面的一次多学科考察，总结出有关生物、地学环境和资源的六本专著及一本画册，以及两本论文集。

1993 年以后，中外科学家还多次联合组队对雅鲁藏布大峡谷进行科考探险，但由于自然条件极端困难及科学家自身能力所限，这些探险活动均没能实现沿江科学考察。

直到 1998 年 4 月和 10 至 12 月间，雅鲁藏布大峡谷科学探险考察队再次进入雅鲁藏布大峡谷地区进行科学考察，并于 1998 年 10 月 29 日至 12 月 3 日，历经 36 天艰苦努力，终于在人类历史上第一次完成了徒步穿越雅鲁藏布大峡谷科学探险考察，实现了我国科学家多年未实现的夙愿。

赵尔宓便是 1973 年这批首次入藏考察的两栖爬行动物学者之一，是年，他仅 34 岁。

## 第三节　出师不利

*我这个人走得很慢，但是我从不后退。*

——亚伯拉罕·林肯

1973 年 6 月 25 日，西藏考察队动物组的汽车离开易贡—通麦峡谷区，穿越泥石流频发地段，向波密驰去。

波密县位于西藏自治区东南部，气候温和湿润，是西藏商品粮基地县之一，也是出口菌类松茸、羊肚菌的重要产地之一。境内海洋型冰川发育极好，有著名的卡钦、则普等冰川，其中卡钦冰川长 35 千米，面积 172 平方千米，冰舌末端伸入森林，下达海拔 2500 米的地方，蔚为壮观。一些地带属于西藏江南，易贡湖和然乌湖区域很著名。

这里是个适合考察西藏的好地方，风景优美，物产丰富，但其相应相生的复杂险峻地势也意味着此行绝不容易。因此在考察开始前，就遇到了要命的险情。

当时沿途道曲路窄，到处都是水浆泥泞，动物组的汽车在拐弯时，突然被甩向路边，眼看就要滑下百丈悬崖。好在司机沉着冷静，果断地左打方向盘，使车头靠向道路中间，踩紧刹车。

这一刹那之间，乘客们还能听见有人在远处紧张地高喊："翻车了！翻车了！"

万幸的是，刹车使车子后轮置于悬崖伸出的一块石头上，汽车被倾斜在路边停了下来。汽车的重量使崖下碎石不断下落，就在千钧一发的时刻，同志们敏捷迅速、井然有序地离开危险的卡车。

首先用石块塞住路面上的车轮，阻止车轮下滑。然后队长印象初立即指挥同志们分头去附近借拖车用的绳子把汽车固定，将其拴牢在最粗的树干上。与此同时派人去附近找施工队帮忙。

此时公路上挤满了来往的车辆，过往司机和群众都主动地拉着拴汽车的绳子，以防汽车坠崖。此时崖下施工的战士们担心汽车落下砸着他们，停止施工，都紧贴石壁，躲在崖下。

后来工兵营长亲自带来一辆重型推土机前来救助，先把半倾斜的汽车用钢丝绳挂在推土机上，为防万一，老班长要求卸下部分东西再拉车。于是，武云飞和蔡桂全主动上车卸东西。车身倾斜站不住，两个人只得一手抓住车帮，一手用力拉，直到卸下两吨重的东西，车子减轻重量后，方跳下车。

推土机师傅深思熟虑后，上了推土机，坐稳，然后挂挡、踩油门用力一拖，汽车就被安全地拉到公路上，汽车和国家财产、珍贵的标本保全了。这就是考察队在解放军和群众的帮助下排除险情的一例。

1973年6月25日凌晨2点，出师不利的西藏考察队动物组汽车终于到达波密与植物组汇合。在两队的碰头会上，大家决定对两组进行重新组合，各分一半人马，分别到墨脱和察隅考察。

　　当时就职于中国科学院成都生物研究所的赵尔宓与其同事吴学恩、吴贯夫和高原等十位，以及中国科学院西北高原生物研究所的印象初、武云飞、王祖祥、蔡桂全、杜庆等被分到了同一组，目的地——位于喜马拉雅山南麓的墨脱县。

# 第四节　进入墨脱

勇敢寓于灵魂之中，而不单凭一个强壮的躯体。

——卡赞扎基

到达墨脱，也就到了此行最重要的目的地。

作者在多年前曾阅读过一本关于墨脱探险的书籍，对墨脱这个与世隔绝的世外仙境留下了深刻印象，同时也深知此行的艰难。

墨脱位于喜马拉雅山脉南麓，与印度毗邻，意为"隐秘的莲花"，"墨脱"一词在藏文中是"花"的意思。

墨脱是中国西藏自治区林芝市（2015年4月获批设立）下辖的一个县，位于西藏东南部、雅鲁藏布江下游，平均海拔为1200米，最低海拔为115米，整体面积为31 394.67平方千米，森林面积高达21 448平方千米。境内的居民主要为门巴族和珞巴族。雅鲁藏布大峡谷主体段都在该县境内。

2010年，墨脱县城还只有一条街，县城周围甚至县城里面，都有很多木板房，大概2012年起，县城发展很快，现在的规模与内地很多县城比起来，已经没什么差距了。然而当时，墨脱还没有公路，进出都需要靠骡子。

进入墨脱县，在几小时内便可领略到从高山寒带到热带雨林那千姿百态、丰富多彩的自然景观，这里被誉为"西藏的西双版纳"。清朝末年，到这里安国定边的清兵首领刘赞廷对此深有感触，"森林弥漫数千里，花木遍山，藤萝为桥，诚为世外之桃源……"他对此地高山峡谷的亚热带雨林作了精要的描述。

在赵尔宓一行达到墨脱时，墨脱县是全国唯一一处没有通车的地区。其地形复杂，山高谷深，密林丛布，断崖绝壁，水流湍急。仅有的驮行小道，曲细狭窄，乱石交错，交通极为不便。

其境内动植物资源非常丰富，相应的鸟、兽、虫、鱼和两栖爬行动物也很多。据统计，墨脱境内共有40多种两栖动物、50多种爬行动物，仅高等植物就有3000多种，竹类植物有10多种，野生兰科植物有80多种，这让两栖爬行动物专家赵尔宓十分感兴趣。

这是我国首次对墨脱进行生物综合考察。首次墨脱动植物考察就肩负在赵尔宓几个不同专业人员的身上。

现在，赵尔宓一行费了九牛二虎之力终于击败了墨脱路上的"拦路虎"——多雄拉山口。

登上山口后，虽已感腿酸、劳累，但也不能在此休息。休息易受凉感冒，患上不治之症——高原肺气肿。于是大家互相招呼着快步下山去。

尽管此次考察十分艰险，尤其是进入墨脱的过程，给赵尔宓一行一个结结实实的下马威。然而克服了这个困难之后，下山的路轻松多了。

山下冰川雕琢的湖泊碧绿晶莹，星罗棋布，欢快的溪流穿插其间，一片片宏伟的松杉林展现在眼前。

　　到山脚后，赵尔宓回顾来路，只见山腰一派绿色，满是古木树柏；越往山腰上部，树木植被就愈见稀少，再往上的地墁带仅能看见褐色地衣，而峰顶处就是皑皑雪道——刚刚他们翻过的地方。

　　赵尔宓对着墨脱的方向大声呼喊，想听听群山的回音，然而只有死一般的寂静。人在大自然中是如此渺小，他的声音与高原的云层轻轻一碰就消失得无影无踪。

# 第五节　吸血蚂蟥

*被杀的是蚂蟥，流的是我的血啊！*

*——赵尔宓*

在森林中行走了几天后，大家心中的恐惧逐渐消散了。

他们感受着凉风吹拂，欣赏着五彩斑斓的野花在阳光和露水中水灵灵地透溢出勃勃生机。

"前进！前进！"大家忍不住引吭高歌，向着南方山谷的出口进发。

放眼望去，一条碎石小径在青山中曲折狭细地蜿蜒着，这是被西藏圣洁的山洪雪水冲磨出来的。

小径两旁苍翠欲滴的巨大乔木冲天拔起，像女巫的墨绿斗篷一样遮住了太阳，只是偶尔探进几缕顽强的光线，令人感到如梦如幻。

小径下方，各种蕨类灌木、草本植物竞相生长，空气中弥漫着现代城市人梦寐以求的清香。穿过峡口，凉风扑面而来，又是格外提神醒脑。

远处索桥两岸，野藤的枝叶五彩缤纷，红、绿、黄交相辉映，被这里纯净而富有生命力的阳光、雾气所浸染，水灵灵地透溢出勃勃生机，一时间竟比城市花园里精心培育的牡丹、玫瑰还要迷人。穿行在这五彩异境之中，科考队中的每个人都要醉了。

路上赵尔宓听当地老乡说，只要穿过这人迹罕至的丛林，便有一个神秘的湖——西工湖，便忍不住要和大家一起去看看。他们请来老乡用刀开路，艰难地穿过丛林，来到湖边就迫不及待地开始地毯式搜寻，收获不小。

西工湖是一个热带雨林湖泊。海拔 1300 米左右，这里有很多树蛙种类，其中最漂亮的是横纹树蛙。

横纹树蛙一般趴在树上，受到惊扰后，会将手和脚上的蹼撑开，从树上滑翔到湖里，有时候几十甚至上百只横纹树蛙同时滑翔落入湖中，非常壮观。赵尔宓一行到达西工湖时就看到了这种美，不禁连连感叹，不虚此行。

可就在返回营地的路上，赵尔宓突然感到下腹部有一丝凉意。

一位同事突然惊呼："赵尔宓，你的裤裆上咋全是血"？大家一看，赵尔宓的裤裆全红了。

他赶紧用手一抓，便抓出软乎乎、血淋淋的黑色蠕虫，大约 3 厘米长，鲜血把他的内裤和外裤都打湿了。

"旱蚂蟥！"赵尔宓心脏狂跳，"我们进入了蚂蟥区！"

在进入墨脱前，他们屡屡听到的恐怖事物中除了雪山垭口、塌方段、老虎、黑熊和野猴子，最令人发毛的就是吸食人血的旱蚂蟥。这些蚂蟥铺天盖地，任何生命走进它们的领地都将被吸食。

当旱蚂蟥附上肌肤后，头顶的大吸盘就会张开，紧紧地吸住肌肤，将人的

西藏墨脱县的横纹树蛙　李成　摄

血液一点一滴地吸入了体内。这个过程中，蚂蟥的躯体也会越来越大，但由于不怎么痛，因此很少有人能立刻察觉。

赵尔宓也顾不得好不好看，忙不迭地就脱下裤子，好家伙！七八只黑软蚂蟥附着在皮肤上，圆滚滚、亮晶晶的。还有一些蚂蟥已经吸满了血，从腿上掉了下来，卡在了绑腿处。

这时理智的做法应该是点燃一支香烟去烫蚂蟥的尾部，然后轻轻地拍打腿部，钻进肌肤里的蚂蟥就会缩回头部，滚掉下来。

可是那时候年轻的赵尔宓早已慌了神，他拼命拍打患部，并企图直接用双手抓蚂蟥。有的蚂蟥钻进肌肤很深，被扯断后，头部仍深深地陷进肉里，在肌肤表层留下一个个黑点。

好在此刻有人及时点燃了香烟，大家七手八脚地把吸饱了血的蚂蟥从赵尔宓的裤腿里烫出来，用小尖刀处以了极刑。

"被杀的是蚂蟥，流的是我的血啊！"当83岁的赵尔宓回忆这一幕时，笑呵呵地说。

事后人们总结经验，一致认为蚂蟥区和塌方区是这条路上最危险的地方，但蚂蟥只咬人不吃人，所以这个主要是要克服心理障碍，不要乱跑，不要一意孤行。这条路有很多不确定性，只有做好充分准备，才能临危不乱。

当时赵尔宓被叮咬的伤口怎么也止不住血。连续三次使用大量的止血粉也无济于事，血还是不断地流。无奈之下，他只有用山泉水将伤口彻底清洗后再上止血粉，才把血止住。

松口气后，赵尔宓环顾四周，只见无数的这种黑软蠕虫正在爬行，大家的行李包上也不例外。骡马的鬃毛和皮肤上随时可见吸饱血的蚂蟥，像铃铛一样挂在它们的身上。幸好除了赵尔宓以外，其余人并没有大碍。

"可能是蚂蟥欺负我那时细皮嫩肉吧。"赵尔宓打趣道。

一位年轻的队员正想庆幸自己没有被叮咬，可却被发现他胸前有一处在冒血，赶忙解开衣服，伸手一摸，居然摸出一个滚圆的黑肉球，几乎有鸽子蛋大……

## 第六节　取得胜利——命名墨脱竹叶青

在科学上面是没有平坦的大路可走的，只有那在崎岖小路的攀登上不畏劳苦的人，才有希望到达光辉的顶点。

——马克思

本以为危机已去，却又逢危机。赵尔宓一队人再也不敢在任何不在计划内的地方多做停留了。他们在惊魂不定中连续奔走了三天三夜，终于到达墨脱马尼翁，首批进入墨脱的考察队取得了开创性胜利。

当晚，独立营为他们的到来开了首次军队科考队联欢会。走在这条路上，对于从小生活在城市里的内地人来讲，没有始终追寻梦想的信心、不断挑战自我的勇气、坚忍不拔的意志和永不服输的性格，是不可能完成的。环境越困难，经历就越刻骨铭心，人与人之间的感情也就越纯真。这一条路发生了太多的悲欢往事，都成了大家心中最宝贵的记忆。他们是在用生命"发现生命"的科学家。

在这次艰险的考察中，赵尔宓为西藏增加 8 个新种和 10 个中国或西藏新记录种，其中包括他亲自命名的一种新蛇种——"墨脱竹叶青"。

此后，赵尔宓一行在马尼翁设立科考大本营，由此考察了背崩、地东、希让、西工湖 (布琼湖)、德尔工等各点，采集了大量的动植物标本，许多是国内首次采集，异常珍贵。

墨脱竹叶青是一种青翠欲滴、十分可爱的小蛇，通常全长 600～700 毫米，通身翠绿，体侧各有一条红白参半的纵纹，上唇及腹面黄白色，眼淡红色，尾

青翠鲜艳的墨脱竹叶青　王聿凡　摄

背及末端焦红色。头较大，呈三角形，与颈区分明显。头、背都是小鳞片，有颊窝。

这种蛇只分布在西藏墨脱和缅甸北部地区，故称"墨脱竹叶青"。这种蛇非常漂亮，也有比较长的历史。《白蛇传》中的白蛇的"真身"是属于银色水蛇的变异科目，而青蛇的真身就是竹叶青蛇。竹叶青蛇普遍比较神经质，近距离时可能会主动攻击人。和"小青"愤怒起来要杀许仙一样，凶气是很明显的。

目前，"墨脱竹叶青"已被列入《中国生物多样性红色名录·脊椎动物卷》，评估级别为濒危。这为赵尔宓在野外发现新生命的道路上又增加了一笔成绩。

# 第七节　蛇族魅影

> 大荒之中，有山名曰成都载天，有人珥两黄蛇，把两黄蛇，名曰夸父……
>
> ——《山海经》

蛇，这种对大多数人来讲神秘而恐怖的生物，赵尔宓却研究了一辈子。其实，蛇是一种古老的动物。它看似神秘，却无处不在；它看似恐怖，却有着另类的艺术美感。人们不但欣赏诸如"墨脱竹叶青"这样青翠欲滴的美丽小蛇，个性美女还爱将狂野的蛇纹穿在身上。

其实，在时尚圈里，"蛇纹"是从未过时的流行。它们屡绽异彩，受人青睐。没有豹纹性感妖娆，没有斑马纹咄咄逼人，却以其低调而慢热的姿态呈现它冷静而狂野的灵魂。冷艳，魅惑，力量，都被蛇纹演绎得变化万千，成为一种可以点亮人气质的能量。

婉转曲折的蛇形，也是珠宝设计中的一种古老灵感了。古老的埃及文明孕育了神秘的蛇图腾，这是世界上最古老的图腾之一。在埃及法老的王冠与王后的头饰上，可以寻觅到以黄金和宝石制成的灵蛇图样。古埃及青睐蛇，因为蛇本身象征着宇宙四神的统一，是法老的神力来源。古埃及至后来不少国家的皇室都将蛇视为至高无上的权力的象征。当年伊丽莎白·泰勒在《埃及艳后》中塑造的佩戴蛇形黄金头冠和腰带的雍容造型，便重现了埃及皇室的威严。

若追溯到希腊神话里，蛇从一开始就扮演着象征生命的重要角色——代表治愈、死亡与重生。从公元前 100 年左右，就有绕指四五圈的蛇形戒环。在另一个兴盛的古文明国度——印度，咬着尾巴的蛇寓意着生命轮回。最珍贵的红、蓝宝石以及钻石总是深藏在毒蛇遍布的山谷中，因此，他们把蛇视为珠宝的守护神，能工巧匠们更是频繁地将它的形象用于珠宝设计。

到了近代，源自古老文明的神秘元素依然经典。英国维多利亚时期，以蛇为灵感的珠宝风靡世界，象征爱情与幸运的蛇形图案被许多英国女性所追捧，成为一时的流行风潮，并且沿袭至今。

到了现代，蛇形珠宝依旧气场强大。蛇千姿百态的造型被设计师巧妙地捕捉，运用最多的依然是以蛇的缠绕之势绕成圈状的戒指。以盘绕的姿态守护一颗宝石的设计，多么应和那个守护诱人禁果的神话故事。不但蛇或优雅或狂野的缠绕姿态被诠释得淋漓尽致，甚至蛇的尾巴和鲜红的信子都被巧妙地凸显创意。

蛇除了因其美丽而神秘的形象在人类饰品发展史中经久不衰之外，关于"蛇怪"的传说在东方文化里也留下了极其清晰的痕迹。

在上古社会，不但整个社会争战不息、血流成河，而且自然灾害频繁，给人们生活带来了巨大的困顿。蛇的形体可怕，丑陋诡谲，而且来去无踪，啮人即死，是上古最突出、最危险的自然灾害之一。它给人们带来巨大的恐慌已成为一个社会问题。因此蛇阴影几乎笼罩了整个上古文化，也是中华文化的重要组成部分。

蛇灾害给古人造成的心理恐慌，使得与蛇的特征相近的物象，古人均视为蛇，最具代表性的是"虹—蛇"观，古人认为虹即是蛇。

《山海经》中也有多处把蛇的形象与人和灾害联系在一起："大荒之中，有山名曰成都载天，有人珥两黄蛇，把两黄蛇，名曰夸父……夸父不量力，欲追日景，逮之于禺谷。"《山海经》中仅人面蛇身、一人首二蛇身、二人首一蛇身、四翅之蛇、二翅之蛇、飞蛇等蛇种的描述就有 23 种以上。它们色彩各异，有黑色、白色、赤色、青色、黄色……还有蛇山、蛇谷、蛇水、蛇巫之山等令人心悸的以蛇命名的地方。

在中国文学里，也有不少关于蛇的成语，如"拨草寻蛇"比喻招惹恶人，自找麻烦；"笔走龙蛇"形容书法生动而有气势；"佛口蛇心"比喻话虽说得好听，心肠却极狠毒；"蝮蛇螫手，壮士解腕"比喻事到紧要关头，必须下决心当机立断；也比喻牺牲局部，照顾全局；还有"灵蛇之珠"后也比喻非凡的才能……

然而，东方人普遍认为蛇是善神，而不是欧洲认为的恶妖。在中国历史上居有极其显赫地位的伏羲和女娲的本始形象就是人首蛇身。儒家认为，蛇人伏羲是现实的人类，生活于公元前 2852—公元前 2373 年。由于顽强的生命力和旺盛的生殖力，被各族视为图腾。人首蛇身的女娲不仅创造了第一批人，人首蛇身的伏羲还教会了人们许多东西：钻木取火，以炙鱼烤肉；制作丝竹，以吹拉弹击；善待自然，以观赏玩味……

文明的出现，国家的萌生，蛇意象又逐渐演变为龙意向，成为非凡力量的代表。

"蛇怪"在中国民间被看成"小龙"，对龙的崇拜也特别普遍。供奉它的寺庙遍布城乡，往往建于河、湖、渡口和井边。"龙王"被古文献描述成身长出奇（约半公里），威力无穷，一切自然现象都归他掌管。他有变化的本领，能变成白胡子老人的模样。"龙王"住在水下宫殿里，是无数珍宝的守护者。祈求他庇护的往往有海员、农夫和卖水人。他们确信水下泉眼由龙王掌管，与大海相连。每遇大旱，人们就把龙王塑像或者手持龙杖、头套龙首的老者从庙里请出，放到太阳下暴晒，向龙王证明受灾程度，让他感到内疚。如若无效，便将塑像直接抛入水中。

在印度有名的旅游景点，你都会发现戴头巾的舞蛇人在吹着木笛，柳篮中的眼镜王蛇则闻乐起舞。"舞蛇"在南亚已经有着上千年的历史，时至今日，仍然可以看到浑身缠满了蛇的流浪艺人，他们身上的蛇能伴随着笛子发出的乐声翩翩起舞，为主人带来收入。这些艺人就是南亚次大陆上一个古老而奇特的群体——"蛇人"。其中有一项绝技表演是，让一条毒蛇通过鼻子进入口腔，然后再从嘴里爬出来，不过要想掌握这项绝技必须从小开始训练，需要艰苦而漫长的过程。对于这些以表演为生的"蛇人"来说，蛇就是生活的依靠，因此它们就如同自己的亲人一般。

选择两栖爬行动物分类学研究，就等于选择了与艰辛相伴。这门学科不仅需要科学家们坐得住实验室的冷板凳，还得经得起野外的风吹日晒、风霜雪雨。在科学上没有平坦的大道，只有不畏劳苦沿着陡峭山路攀登的人，才有希望达到光辉的顶点。大自然给渴望探索的科学家们带来的一次次惊喜便是最甜蜜的回报。

对于自己一生的主要发现与成就，赵尔宓在此前撰写的《六十六年的回顾》中写道：

"我只做了一点自己应该做的工作，却获得这么多的荣誉和奖赏。我清醒地知道，荣誉属于大家所有，我只不过代表大家接受。我决心继续努力为祖国和民族争取更多、更大的荣誉。"

## 第三章 来自丛林的惊喜

## 第一节　再入墨脱——发现墨脱眼镜王蛇

　　科学的永恒性就在于坚持不懈地寻求之中，科学就其容量而言，是不枯竭的，就其目标而言，是永远不可企及的。

——卡·冯·伯尔

　　继 1973 年入藏考察后，1983 年，赵尔宓与同事们再次前往西藏，对第一次未曾进入的南迦巴瓦峰地区进行了深入考察。不料，这次他们在墨脱又收获了另一个大惊喜——发现了眼镜王蛇。

　　捕获这条眼镜王蛇实属偶然。赵尔宓一行是 7 月底到墨脱的，工作一个多星期后，大家准备在 8 月 1 日返回。这时，一名 20 多岁的门巴族小伙子神色慌张，用手比画着说，下面有一条大蛇。

　　大家跟随他来到蛇盘踞的地方，只见黑黢黢的一大盘，令人生畏。这条蛇正在产卵，但依然颇有大将风度。它对闯入者的出现，视而不见，置若罔闻，处变不惊，如同一个思想家一样，似乎正在静目望向前方的雅鲁藏布江，倾听着河水奔腾咆哮⋯⋯

　　这竟然是眼镜王蛇！

　　有人开始举起相机，慢慢将镜头对准，轻轻地按下快门，生怕惊动了它⋯⋯

　　突然间，眼镜王蛇仿佛意识到了危机，头一下子就立了起来，膨起颈部，发出"呼呼"声，并喷射出毒液，让周围人不寒而栗。

　　尽管在场的人大都在蛇类的王国徜徉许久，可没有一个人敢小觑这种蛇

在西藏墨脱县发现眼镜王蛇　李成 摄

类。它虽称为"眼镜王蛇",但很多人并不知道此物种与真正的眼镜蛇其实不同,它并不是眼镜蛇属的一员,而是属于独立的眼镜王蛇属。

眼镜蛇全球约有 7 属 30 种,所有种在受到干扰时都能膨大其颈部。这些蛇都是分布很广的毒蛇,从非洲到亚洲(南亚、东南亚)。成体一般都在两米左右,但其中最大、最毒、最凶猛的莫过于眼镜王蛇,一次可排出毒液 400 余毫克。

相比其他眼镜蛇,眼镜王蛇性情更凶猛,反应也极其敏捷,头颈转动灵活,排毒量大,是世界上最危险的蛇类之一。眼镜王蛇是毒蛇类中寿命最长的,一般可达 25 年。它直立起来通常可高达 1.80 米,几乎可以与一个成年人对视。它在中国西南与华南地区常有出没,通常栖息在草地、空旷坡地及树林里,它的主要食物就是与之相近的同类——其他蛇类，尤其喜食金环蛇、银环蛇、眼镜蛇等毒蛇，当然也捕食老鼠、蜥蜴、蛙蟾和小鸟等。眼镜王蛇的食谱中不但有其他普通蛇类，还包括体积适合的蟒蛇。眼镜王蛇的体内有抗毒的血清，所以当其他毒蛇对眼镜王蛇施咬时，眼镜王蛇通常会安然无恙。在眼镜王蛇的领地，很难见到其他种类的蛇。除了由于别的蛇怕它以外，也因为它本身的一个特点——喜欢独来独往，是典型的独居者，通常一座山上只有一条。

眼镜王蛇毒性也极强。眼镜王蛇在我国有许多地方名，如过山风、山万蛇、大扁颈蛇、大眼镜蛇、大扁头风、扁颈蛇、大膨颈、吹风蛇、过山标……实际上它的学名是 *Ophiophagus Hannah*，是通常人们知道的眼镜蛇的一种。它属于前沟牙毒蛇，外形与眼镜蛇相似。头部呈椭圆形，头颈、背面有眼镜状斑纹。它通体乌黑色或黑褐色，具有 40～54 条较窄而色淡的横带，尾部为土黄色，腹部为灰褐色，有黑色线状斑纹。幼蛇呈黑色，有 34～45 个黄白色环纹。眼镜王蛇白天出来捕食，夜间隐匿在岩缝或树洞内歇息。

与其他的蛇类一样，眼镜王蛇也是用分叉的舌头作为嗅觉器官。当猎物的气味被探索到时，眼镜王蛇会使用它绝佳的视觉器官（能在 100 米外发现移动的物体）及杰出的灵敏度发起攻击。将猎物毒死后，眼镜王蛇会将其整个吞下，慢慢消化掉。饱餐一顿后，眼镜王蛇可以几个月不再进食。虽然它的夜视能力不强，眼镜王蛇仍可以全天捕食猎物，导致人们都认为它是昼出捕食动物。

遇到到危险时，眼镜王蛇像其他眼镜蛇一样，抬起身体的前三分之一，然后张开嘴，露出毒牙，一面盯着对手，一面留意着四周的环境，一面发出巨大的"嘶嘶"声，如果敌人还不走，眼镜王蛇就会毫不犹豫地发起攻击，通常悲剧就是从这里开始的。

眼镜王蛇是一种智商很高的蛇类，它们捕猎其他的蛇，而且能分辨对方是否有毒。在捕食无毒蛇时，眼镜王蛇并不轻易使用毒液，它会随便咬上一口不放，任凭猎物挣扎反抗，直到死后再慢慢吞食。在捕食毒蛇时，它则不会轻举妄动，而是不断挑衅，当对方终被激怒向它发起进攻时，眼镜王蛇会机警地躲闪，最后当猎物身心疲惫、无心恋战时，它看准机会，一口咬住猎物头颈并释放毒液将其杀死。

如果眼镜王蛇遇上天敌，如对毒素有免疫能力的猫鼬时，它会膨起颈部，进行搏斗。不过以眼镜王蛇这般大的个头，除了人类，不会有动物敢随便挑逗眼镜王蛇的（就连印度境内的大象见到眼镜王蛇都会绕路走，尽量避开它)。

由此可见，遇上眼镜王蛇是非常危险的事，不仅因为它的凶猛，也因为它会主动攻击人。眼镜王蛇行动敏捷，头部可灵活转动，不但可向前后左右方向攻击，还可以垂直蹿起来攻击头顶上方的物体。咬住人后常不会轻易撒口，被咬者会在数分钟内引发肿胀、反胃、腹痛、呼吸麻痹，出现言语障碍、昏迷等症状，人在被咬后的半小时内如没有及时的药物治疗必定死亡。

当然，抢救及时的话，也不至于丧生。我们知道，蛇是近视眼，耳朵里没有鼓膜，对空气里传来的声音没有什么反应，它识别天敌和寻找食物主要靠舌头。如果你遇到眼镜王蛇，假如它不向你主动进攻，千万不要惊扰它，尤其不要使地面受到振动，最好等它逃遁，或者等人来救援。

当然，最好的防范措施就是防患于未然，尽量避免与眼镜王蛇相遇。因此，野外活动最好穿高帮鞋，避免走草木丛深的地方。如果一定需要走在草木生长繁盛的地方，则要用木棍之类撩动草木，以赶走毒蛇。

如果不幸真的被咬到，那么被咬伤后实行早期急救尤为重要。要遵循火烧、结扎、冲洗、排毒的原则进行，首先用打火机点燃火烧灼伤口，这样容易破坏蛇毒的毒性；然后在伤口近心脏一端扎住血管，避免蛇毒扩散，但切记扎 1~2

舟山眼镜蛇　赵蕙 摄

小时后要松一次，否则易引起肢体坏死，而且此步骤必须要以最快速度进行，万不可和第三步颠倒；第三步就是到水源地冲洗伤口，以伤口齿痕为中心，划开 2～3 厘米长的十字形，用拔毒罐或另外的吸取工具引流毒血，但绝不能用嘴吸，不然会引起口腔黏膜二次中毒感染；最后一步，就是一定要及时去附近大医院就医。

　　中国蛇毒血清较齐全的医疗机构不多，去蛇类频繁出没的地方旅行，事先了解清楚当地医院相关药物储备情况是比较重要的。

前文讲到，眼镜王蛇通常都过独居生活，直到每年1月，雌性眼镜王蛇蜕皮后，会散发出一种信息素来吸引异性。如果多条雄性眼镜王蛇到达，它们通常会为了争夺雌性伴侣而大打出手，将对手击倒在地。胜利者则会向雌性眼镜王蛇不断示爱直到被接受，两条蛇会将身体缠绕在一起，并会保持几个小时。

此外，眼镜王蛇也是唯一会搭窝的蛇。每年4月，它们通常会利用枯竹叶建一个巢穴，交配2个月后雌蛇会产出20～50颗卵，并需要60～80天的孵化期。雌蛇会一直留在枯叶筑成的巢中直到幼蛇破壳，然后本能驱使它离去，以免它吃掉幼蛇。没有明确的记录表明在孵化期雄蛇会保护巢穴的安全，这项工作通常是由雌蛇完成的，这在蛇类中是很独特的。人们都说雌性眼镜王蛇为了保护巢穴及幼蛇都会异常凶猛，这并不是无稽之谈，《中国动物志·爬行纲》曾记载，研究人员观察到眼镜王蛇的护卵习性。幼蛇出生时都有剧毒，体长45～50厘米，身体带有黑色与白色的花纹。

整体而言，眼镜王蛇属于热带和亚热带森林蛇，栖息于平原至海拔1800米的山区，多见于森林边缘近水处，但林区村落附近也时有发现。除分布于我们国家外，眼镜王蛇还分布在孟加拉国、缅甸、柬埔寨、印度、印度尼西亚、老挝、泰国、越南、马来西亚和菲律宾等地。

在我国，很早就知道眼镜王蛇出没于浙江、福建、广东、海南、广西、四川、贵州、安徽和云南。至于知道西藏有眼镜王蛇，是现在才发生的事情。其后，李胜全与老师赵尔宓先生合作发表科学论文，首次报道了在墨脱希壤分布有眼镜王蛇。

对这项珍贵的发现，赵尔宓说："西藏墨脱地区有无眼镜王蛇，一直是个疑案。1962年，曾在墨脱希壤俘获一条眼镜王蛇的标本，但也不敢肯定是否就是当地产的。这次科学考察队捕到了眼镜王蛇，此案就清楚无疑了。"

这次在墨脱希壤发现的眼镜王蛇，将该蛇种已知的分布范围向北推移了4个纬度，并成为证实热带动物沿雅鲁藏布江大峡谷水汽通道向北扩散的有力证据。

依据爬行动物的分布，他还首次提出了：在动物地理区划的西南区增加一个新的"喜马拉雅南坡亚区"。对西太平洋岛链两栖爬行动物区系形成和温带东亚两栖动物的分布格局提出了自己的研究见解，为我国两栖爬行动物的研究做出了重要贡献。

然而，由于这种蛇具有巨大的经济价值，长期以来都被人类杀戮。据统计，

20世纪90年代初，每年从我国广西边境流入的眼镜王蛇多达数十吨。

由于人类的过度利用和栖息地的破坏，眼镜王蛇种群数量早已急剧下降，在野外能一睹其芳容那是万幸。因此，眼镜王蛇早被《濒危野生动植物种国际贸易公约》（CITES）列入附录Ⅱ名单中，禁止贸易。

## 第二节　捕捉贵州山区的"尖吻蝮"

*我第一次掐着这么大的毒蛇的脖子……从手到心，我感觉到一阵冰凉……*

——赵尔宓

除勇闯蛇岛、深入墨脱以外，赵尔宓还有许多有趣的"历险记"。

半个多世纪以来，他每年都要到野外工作一段时间。短则 3 个月，长则 8 个月，占据了自己绝大部分的时间和精力。尽管旅途艰辛，但他毫不畏惧。大自然的神奇吸引他一次又一次地奔向她的怀抱。

他记得第一次掐着毒蛇脖子时的感觉——从手凉到心。

当时还是 1963 年，年轻的赵尔宓前往贵州山区采集标本。他偶然听说，兴义县的一个小山乡分布着罕见、有剧毒的五步蛇（尖吻蝮）。

这种蛇在亚洲地区相当著名。因蛇头酷似三角形的铁犁头，当地人形象地称之为"犁头匠"。

赵尔宓和同事迫切想捉一条做研究，每天一大早他们就上山搜寻，很晚才回去。

但半个月过去了，他们连"犁头匠"的影子都没有发现。

"不要走，我家粪坑旁发现了'犁头匠'！"就在他们打理行装准备离去时，一名山民飞奔来报。

赵尔宓很激动，丢掉手中的行李，就往山民家里跑去。

"那家伙足足有 1.5 米长，碗口粗，两颗毒牙一寸多长。"一向谨慎的赵尔

1982 年在四川九龙县采蛇

宓，下手非常准，抓住了"犁头匠"的脖子。

"我第一次掐着这么大的毒蛇的脖子，它挣扎得很厉害，左右扭动着头，试图用毒牙蜇人。从手到心，我感觉到一阵冰凉……"赵尔宓筋疲力尽，赶紧朝旁边的人喊："你们快帮我接着它！"

最后在大家的努力下，终于将蛇捉住。

令人闻风丧胆、剧毒无比的尖吻蝮　赵蕙　摄

　　此蛇实际上的大名应为"尖吻蝮"，学名为 D.acutus (Günther, 1888)，是蛇亚目蝰蛇科蝮亚科下的一个有毒单型蛇。尖吻蝮全长 120～150 厘米，大者可达 200 厘米以上。头呈三角形，与颈部可明显区分，有长管牙。吻端由鼻间鳞与吻鳞尖出形成一上翘的突起；鼻孔与眼之间有一椭圆形颊窝，它是热测位器。末端鳞片角质化程度较高，形成一尖出硬物，称"佛指甲"。

　　尖吻蝮主要栖息在海拔 400～700 米的常绿和落叶混交林中，夏季喜欢在山坞的水沟一带活动，对生存条件的要求是阴凉通风，有树有水，也在茶园、农田、柴堆内活动，能上树，也能进入住户家里。冬季多在树根形成的天然洞或旧鼠洞中越冬。

　　其活动周期自惊蛰至大雪约为 9 个月，气温在 20～30℃时，活动最频繁，气温高达 35～38℃时，多向水边集中。冬季气温降低时开始冬眠三个月，越冬洞穴较深，蛇多时大、小蛇在一起，有时也和蝮蛇混居在同一洞中。

尖吻蝮是相当著名的蛇种，在中国台湾及华南一带更是备受重视的蛇类，目前未有任何亚种被确认。它在各地区别名极多，除了"犁头匠"之外，又称"五步倒""岩头斑""百花蛇""中华蝮"……其中最广为人知的别名是"五步蛇"，意指人类只要曾被尖吻蝮所咬，脚下踏出五步必然会毒发身亡，以显示尖吻蝮的咬击实在奇毒无比。当然这是一种夸张的说法，然而也生动地显示了人们对这种蛇的惧怕。

该蛇种的毒液上的毒性并不强烈，但该蛇种在事实上具有较大的危险性，甚至大于眼镜蛇，如在湖南省辰溪县石碧乡一带被此蛇咬伤者基本都死亡了，而被眼镜蛇咬伤者基本都能救活。

根据调查资料显示，由尖吻蝮的咬击所导致的危险事件甚至死亡事件确实较为常见。一方面是由于该蛇种个体较大，性格凶猛，毒牙较长，咬伤的情形较为严重；另一方面也由于该蛇属于排毒量较大的蛇种。

同时，尖吻蝮攻击性极强，并且头部可大幅度旋转，没有经验的人野外遇到应远远避开，不要轻易尝试用手抓取，抓取应用捕蛇钳。

目前尖吻蝮在中国分布范围大致在东经 104°以东，北纬 25°到 31°。已知

尖吻蝮吻部特征　赵蕙 摄

的分布地区有安徽（南部）、重庆、江西、浙江、福建（北部）、湖南、湖北、广西（北部）、贵州、广东（北部）及台湾省。在中国分布较广，其中以武夷山山区和皖南山区贮量最多。中国之外只见于越南北部。

中国东南部为尖吻蝮的起源地。古地理研究表明，从早第三纪到晚第三纪，中国的东南部、南部、西南部，地势平坦，起伏不大，为干燥的亚热带气候，适宜于尖吻蝮的生活。

尖吻蝮在始新世起源后，由于受高纬度气候的限制，它只能在低纬度地区扩散。到渐新世，由于印度板块与中国大陆的碰撞，引起了青藏高原的隆升，随后的某一时期，当尖吻蝮扩散至此时，隆升的高原阻止了它进一步向西扩散，形成了尖吻蝮在大陆现今的分布格局。

关于尖吻蝮，民间流传着许多有趣的故事，其中一个就是李时珍与尖吻蝮的故事。相传明代嘉靖年间，长沙有个年逾半百的刘姓富豪，膝下只有一女，名叫玉姣，刘姓富豪视其为掌上明珠。玉姣自幼聪颖，能诗会文，而且姿容姣美，故求亲者络绎不绝，可玉姣偏都不中意。刘姓富豪心中纳闷，不久便明白了。原来女儿爱上了家中年轻英俊的长工庞生。他气得七窍生烟，将庞生毒打一顿，并逐出家门。

玉姣得知庞生被逐又急又恨，遂即追赶，当追至后花园时，果见庞生折回等她。她抚着庞生的伤痕，泪如泉涌。庞生十分感动："玉姣妹，我从小失去亲人，孤苦伶仃，你待我亲如兄妹，教我识字读书，我虽受尽苦楚，但已心满意足。而今我要走了，请受我一拜。"玉姣一把拉住，亦悲亦喜："庞生哥，玉姣的心，难道你不知？若要拜，我们一起拜，天地是父母，月老可证婚，花园即媒妁。从今以后，结为夫妻，愿我们患难与共，白头偕老。"说罢同庞生拜了天地，一同逃走了。

一路艰辛，夫妻俩来到了蕲州。在一家客栈落脚后，庞生病倒了。玉姣卖掉些首饰，请郎中给庞生诊病。郎中一见庞生患的是麻风病，拒绝诊治。店主得知，急来辞客。玉姣跪下苦苦哀求。店主见玉姣貌美，顿生歹意，说："行，但有个条件，你丈夫肯定治不好，他死了你得留在店里帮工3年。眼下他住这里，不利我开店，店后有间旧房，过去我酿酒用，你搬去住吧。"玉姣只好答应。

一晃月余，玉姣首饰卖光，庞生的病未见好转，反而一天天沉重。郎中请不来，买药又无钱。玉姣只好出去乞讨。庞生不忍玉姣受苦，便劝玉姣回长沙。

玉姣恼道："你我是患难夫妻，你病重之时，我岂有离开之理？"接着她又安慰庞生："我听说名传京城的太医院院判李时珍就要回蕲州。那时我们去请他，定会治好你的病。你可要有信心呀！"

第二天，玉姣又去乞讨，庞生躺在草席上，全身剧痛奇痒，又加饥渴交困，便挣扎着爬起来，摸到屋角旁，朦胧中见一只破酒瓮，里面有些残酒。遂舀了一碗，一饮而尽。说来也巧，庞生一喝这酒，只觉一股清凉直透腹内，遍及全身，便又饮了一碗，更觉痛痒减轻，周身舒快。于是一连数日，饿了就喝，渴了便饮。不久，庞生的病竟神奇般地好了。玉姣悲喜交加，抱住庞生大哭起来。

忽然，门"哐啷"一声被打开，店主闯了进来，满脸幸灾乐祸地道："死了！死了！"但一见庞生怒目于前，一时竟瞠目结舌，半晌才惊奇地问："你……你的病好了？""好了，是你留在这里的药酒治好的。"

"酒能治麻风病？"店主不信，急叫人搬出酒瓮，众人一看，皆吃一惊，只见一条尖吻蝮横卧瓮中，蛇身已快浸化。恰好李时珍从京中归来。听说此事，连夜赶来察访。夫妻俩惊喜万分，倒地就拜，李时珍一时不解其意，急忙扶起俩人。玉姣遂向李时珍倾诉了不幸遭遇，恳求他收庞生为徒。李时珍颇为感动，便收下了这个徒弟。后来，李时珍在撰写《本草纲目》时，特地写进了"蕲蛇酒"。人们便都知道了蕲蛇酒能治麻风病。

尖吻蝮除了药用价值以外，我们祖先对尖吻蝮以及尖吻蝮咬伤的观察也非常仔细。在《太平广记》里也提到过："山南五溪黔中，皆有毒蛇，乌而反鼻，蟠于草中。其牙倒勾，去人数步，直来，疾如激箭。螫人立死，中手即断手，中足即断足，不然则全身肿烂，百无一活，谓蝮蛇也。"

在唐代文学家柳宗元的《捕蛇者说》中也曾记录："永州之野产异蛇，黑质而白章；触草木，尽死；以啮人，无御之者。"意思是永州山间生长一种奇异的毒蛇，黑色的身子有着白色的花纹，这种蛇碰到草木，草木都要枯死，如果咬了人，就没有办法救治。

作为一代文豪，柳宗元的描写让这种毒蛇声名远播，一直流传至今。这段文字描述的"异蛇"究竟是传奇故事还是客观现实？柳宗元所描述的"触草木，尽死"，这究竟是怎么回事呢？是否是因为尖吻蝮的毒性强烈到让草木枯死的骇人地步？事实并非如此。真正原因其实是尖吻蝮喜欢栖息在枯黄的落叶

大名鼎鼎的尖吻蝮　赵蕙 摄

堆中，所以才让人们错以为是它的毒性导致了草木枯死。

　　由于文学作品和一些传闻的渲染，使得尖吻蝮的名声极大，但真正见过的人却很少。在它的原产地，经常进山的人几乎没有不对这种蛇闻之色变的，到处流传着它咬死咬残人的故事，而且多半是真实的。

　　实际上，这种蛇确实很危险，即使对熟悉蛇类的"老野外"来说，仍然认为它是中国最危险的毒蛇，最主要是因为它毫无先兆的攻击性。

　　我们知道，眼镜蛇和眼镜王蛇在攻击前会竖起身体、膨大颈部以示威胁，银环蛇和蝮蛇会压扁身体、露出醒目的花纹警告你，圆斑蝰会发出煤气泄漏般的嘶嘶声，所有这些其实都是提前警戒避免冲突的信号，如果你看到这些还不当一回事的话，那就别怪蛇不客气了。然而尖吻蝮冷酷的脸看不到任何表情，只要你一靠近，张口就咬的概率很大。尖吻蝮虽然单位毒量并不大，但尖吻蝮巨大的排毒量足以致人于死地，即使不死，其强烈的毒素能溶解肌肉和血管，造成大面积坏死，结果通常是残废或截肢。然而大自然总是有合理的安排，这样的一种冷酷杀手多数在人迹罕至的深山莽林中，远离人烟稠密的地方。

为了避免尖吻蝮对人的伤害，请注意遵守以下野外经验：

去野外，首先不能穿凉鞋，登山鞋加绑腿最靠谱，绝大多数毒蛇都咬不穿这组合；然后，到视线不明朗或可能有蛇出没的区域应小心四肢和头顶部位，也就是说你踩下去的地方和手握的地方要先看清楚。

做到以上两点，基本就能杜绝因意外造成的蛇伤了。如果有蛇拦路，跺脚吓走蛇或用根长棍子挑走蛇，别打它或招惹它，90%的蛇伤源于人先主动招惹蛇，没有会主动跑过来攻击人的蛇（包括眼镜王蛇）。

万一被蛇咬到，最重要的一点是先搞清楚咬你的是哪种蛇。如果是无毒蛇，伤口消消毒就好了。如果是有毒蛇，则按下列要求先处理伤口：如果是被竹叶青等不易致命的毒蛇咬到，可开微创排毒或清洗后直接去医院（开创过大有流血不止的风险）。如果是被致命的剧毒蛇咬到，如尖吻蝮，民间的经验是：立即火烧处理伤口，因为没有其他任何方式比这更有效：蛇毒都是比较大的蛋白分子，比水等普通液体在体内的扩散要慢，一般咬后数分钟除被血管与淋巴带走的少量毒液外，其他大部分的毒液仍在伤口周围，而蛇毒蛋白又不稳定，在高温下极易分解失效，所以火烧能第一时间让伤口附近的毒液"库"变质，大大减少发作的毒液量，为抢救赢得宝贵时间。有一些剧毒蛇类，如银环蛇、眼镜王蛇通常主要是神经毒素，可通过淋巴循环快速扩散到全身，以发挥毒性，所以越早烧越好；烧伤局部皮肤会大量渗出体液，这个过程也有助于排毒，对于注射大量毒液的情况，通常烧的时候能明显感觉到毒液的变性，烧到皮肤明显开裂即可，不宜过久。烧完以后持续挤压伤口排毒，大约持续 10 分钟，然后赶紧去医院注射血清。后续伤口愈合期服用抗生素防感染，加碘化消毒液勤消毒，少吃辛辣等扩展血管和毛孔的食物，愈合前尽量少运动。火烧处理伤口法可能存在一定争议，但也有野外经验丰富的人觉得，这是目前在野外被尖吻蝮咬到后处理伤口的最好的方法，因此去野外也最好带个打火机，但一定要注意森林防火。

# 第三节　寻觅陕西秦岭的"娃娃鱼"

40多年了，我已记不得当时唱的是什么歌，但我却清楚地记得，我们的歌声压过了洪水的肆虐声！

——赵尔宓

除蛇以外，赵尔宓的采集范围还覆盖到蛙、螈、蜥等。他说："对两栖爬行动物的研究还是强调保护，采集标本实属不得已。"为探索它们的奥妙，赵尔宓走遍了全国各地，仅新疆就去过11次。

1962年的夏天，时任四川医学院教师的赵尔宓与同事吴贯夫深入陕西秦岭一带，采集两栖爬行动物标本。

他们在西安市周至县厚畛子镇住下，并开始在人迹罕至的大山里搜寻。厚畛子镇位于太白山脚下、黑河源头，与佛坪、洋县、太白、眉县相邻。地处秦岭腹地的厚畛子，面积有800多平方千米。厚，即宽广的意思，这里横跨秦岭南北，兼容长江、黄河两大水系。畛，则指的是田间小路，大概说的是这里的倘骆古道。悠悠千年，这条古道曲折在大秦岭的折皱里，有着数不清的传说和故事。

由于常年水流不断，秦岭细鳞鲑和多鳞铲颌鱼等鱼类在洞口水潭中常出现。终于，赵尔宓一行在靠近秦岭山脊的钓鱼台采集到一种有尾巴的小"娃娃鱼"，并发现它与全世界已知的有尾两栖类均不同。

"这可能是一个新种！"[①] 于是，他们再次进山搜寻，但在傍晚返回村子的

---

① 后来被赵尔宓的同事命名为秦巴北鲵。

1982年，与西华范大学胡锦矗在四川卧龙五一棚野外工作

路上，遇到了山洪，来时走过的独木桥已经被山洪淹没，而这是返村的唯一
通道。

蹚过去！他们没有别的选择。高高地卷起裤腿，俩人手挽着手，高唱着歌，
向汹涌的山洪发起了无畏的挑战。

"40多年了，我已记不得当时唱的是什么歌，但我却清楚地记得，我们的

歌声压过了洪水的肆虐声！我们终于趟到了对岸……"

此行中赵尔宓发现的"娃娃鱼"，学名大鲵，是世界上现存最大的也是最珍贵的两栖动物。

娃娃鱼一般寿命为 50~60 年，有人说能生存达 80~100 年。作为我国特有的名贵珍稀水生动物，"娃娃鱼"在三亿五千万年前就存在于地球上了，与恐龙是同一时代的动物，所以素有"活化石"之称。"娃娃鱼"曾躲过地球五次物种大灭绝中的二叠纪、三叠纪和中生代末物种大灭绝，成为地球活化石级的古老动物。

中国"娃娃鱼"早期分布在黄河、长江和珠江三大流域，现在主要分布在大武陵源、神农架、秦岭汉中及四川、重庆、贵州、河南、广西的少部分区域，武陵山山脉仍是中国"娃娃鱼"栖息最密集的地方，并拥有国家级的张家界"娃娃鱼"自然保护区。

"娃娃鱼"的四肢粗短，后肢略长，大而扁平，一般全长 582～834 毫米，头体长 310～585 毫米，最大个体全长可达 200 厘米以上。它体表光滑，和婴儿皮肤一样，生活时体色变异较大，一般以棕褐色为主，其变异颜色有暗黑、红棕、褐色、浅褐、黄土、灰褐和浅棕等色。

秦巴北鲵　赵蕙 摄

　　尽管"娃娃鱼"长得圆润呆萌，但千万不要把它当成温良谦和的动物。其性凶猛，肉食性。"娃娃鱼"的食性很广，主要以蟹、蛙、鱼、虾、水生昆虫及其幼虫等为食，张口就吃，从不挑食。"娃娃鱼"食量甚大，很喜欢捕食蟹类，一只体重 1.5 千克的"娃娃鱼"胃内可有蟹 6 只。捕食主要在夜间进行，常守候在滩口乱石间，发现可猎动物经过时，突然张嘴捕食。

　　"娃娃鱼"的新陈代谢比较缓慢，所以很能忍饥挨饿。将"娃娃鱼"饲养在清凉的水中，即使两三年不给它们食物也不会饿死。

　　成年"娃娃鱼"一般常栖息在海拔 1000 米以下的溪、河、深潭内的岩洞、石穴之中，以滩口上下的洞穴内较为常见，其洞口不大，进出一个口；洞的深浅不一，洞内宽敞平坦。白天常卧于洞穴内，很少外出活动，夏秋季节，也有白天上岸觅食或晒太阳的习性。

"娃娃鱼"属于两栖纲的隐鳃科动物，一共有 3 个种，一个是中国"娃娃鱼"，一个是日本"娃娃鱼"，还有一个是美洲"娃娃鱼"。日本"娃娃鱼"也俗称"大山椒鱼"，源于其身有山椒味道。它们的头和身体扁平，有一个大大的嘴巴，体长可以达到 1 米以上，体重也可达 50 千克。那么，它们为什么被称为娃娃鱼而不是其他鱼呢？

一种非常流行的说法是，"娃娃鱼"的声音很像婴儿的哭声，而它的外形又像鱼，所以被称为娃娃鱼。由于"娃娃鱼"对生活的环境要求很高，只存在于水质清澈的山区溪流中。它白天藏身于洞穴中，只在晚上才出来活动，身体又大多呈灰褐色，因此，过去在野生条件下，人们很难确切地听到它的声音。传说中的像婴儿一般的啼哭声，最初是来自战国时期的《山海经》，其上记载："龙侯之山……泆泆之出水焉，而东流注于河。其中多人鱼，其状如鱼，四足，其音如婴儿，食之无痴疾。"后来，《史记》《水经注》等也多有描述。加上民间的传说，也就慢慢流传至今。

近来，人工养殖"娃娃鱼"已经在不少地方形成气候，所以，人们也有机会近距离听一听这种珍稀动物发出的声音。根据科学家对"娃娃鱼"在自然状态下的鸣叫和在电刺激中脑诱发下的鸣叫结果分析，"娃娃鱼"的发声频带范围窄、基频高、谐波成分少、持续时间短，基本上比较单调，也没有婉转的声音，多集中在单音节的"唧——唧"声，在惊恐状态下，其声音持续时间会稍微长一些。进一步的研究显示，"娃娃鱼"短促的声音和婴儿婉转的啼哭声在声谱的对比上差异很大，事实上，这也与"娃娃鱼"发育很不完全的喉部结构相一致。

也有一些人认为，大头大脑的"娃娃鱼"在水中的模样似乎也有点像一个娃娃，这也是娃娃鱼俗称来源的另一个说法。事实上，世界上第一个"娃娃鱼"化石于 1726 年被瑞士医生肖赫在德国发现，就因为其骨骼看上去很像人类的头骨和肋骨，所以为这一化石取名"洪水证人"，以表示其与《圣经》记载的死于洪水的人类相像。

由于"娃娃鱼"的肉很有营养，经济价值较高，所以经常遭到人类捕杀，以此来食用、贩卖和观赏。加之江河污染、生态环境遭到破坏，致使"娃娃鱼"数量锐减，许多地方资源枯竭，甚至濒临灭绝。为了保护这一资源，中国已将"娃娃鱼"列入二级重点保护野生动物，并严禁捕猎。"娃娃鱼"在地球上待的时间比人类还长，我们应该更加爱护它们，拿起法律的武器对它们进行保护。

# 第四节　探秘海南岛的海蛇与湍蛙

一切艺术、宗教都不过是自然的附属物。

——亚里士多德

　　1964 年，赵尔宓又乘轮渡前往海南考察当地的野生动物。半年时间，他的足迹踏遍了五指山、鹦哥岭、吊罗山等海拔超过千米的几座大山峰。

　　在海南省乐东黎族自治县的莺歌海，他随渔民出海捕捞海蛇，被颠簸的小渔船晕得直吐，"中午吃的海虾全部吐了出来。"赵尔宓说。

　　然而在这里他见到并研究了世界上最危险又美丽的动物——海蛇。海蛇（*Pelamis platurus*），是蛇目眼镜蛇科的一亚科。与眼镜蛇亚科相似，都是具有前沟牙的毒蛇。

　　中国沿海有 23 种海蛇，海蛇在中国的辽宁、江苏、浙江、福建、广东、广西和台湾近海有分布，其中广西、福建沿海的海蛇资源丰富。其次在西起波斯湾，东至日本，南达澳大利亚的暖水性海洋也有分布，但大西洋中没有海蛇。

　　海南岛的奇妙物种远远不止海蛇。有一次，为了采集湍蛙的蝌蚪，海南卫生部门安排协助他们野外工作的小萧想出一个妙计，在山沟里脱光衣服没到水里，只露出头在水外出气。几分钟后，他才缓缓将身子浮出水面，只见他的全身许多地方都吸附了不少蝌蚪，让大家从他身上采集湍蛙蝌蚪。"我第一次遇见这种事情，大自然是多么神奇啊……"赵尔宓说。

拥有美丽斑马条纹的扁尾海蛇　向高世 摄

平颏海蛇　曹末元 摄

2003 年，在海南岛野外采集

海南锯腿树蛙　赵蕙 摄

## 第五节  巧遇"蛇中熊猫"
### ——湖南的"莽山烙铁头"

发现新事物和做出新发现，是很大的满足。

——伏尔泰

在业内有了相当的知名度后，一些学者及相关社会人士也陆续将自己在野外发现的、难以辨别的两栖爬行类动物送给赵尔宓研究。

于是，一条颇值得注意的蛇出现了——它就是有"蛇中熊猫"之称的"莽山烙铁头"。

翻开一张黑褐色与黄绿色相间的蛇的照片，赵尔宓说："这就是我发现的一种巨型毒蛇，比我名气大得多，很珍贵的。"

这种在湖南莽山发现的"莽山烙铁头蛇"，拉丁属名以赵尔宓的名字命名，为"Zhaoermia mangshanensis (Zhao，1990)"，它分泌的毒被叫作"zhaoermitoxin"。

在蝰科中，和莽山烙铁头蛇最接近的是原矛头蝮，也叫烙铁头，是一种剧毒蛇。它的头也呈明显的三角形，像烙铁，但是型号却比莽山烙铁头小很多，它的身材也明显苗条很多，和莽山烙铁头明显不在一个重量级上。它也不是一个好惹的对象，一旦受到威胁，它就会摆出进攻的架势，尾巴也会像响尾蛇一样摆动，虽然不能发出声音，但是也足以震慑对方。它的尾巴还有一个作用就是诱敌，蛇的尾梢在自然界中有一个特殊的作用，它在捕食的时候甩动尾梢，它的尾梢就像一条小虫在扭曲，这个时候就会吸引一些小鸟、青蛙过来，这样的话就可以在最近的距离捕猎到自己希望得到的食物。如果被它咬到，它的毒腺里分泌的毒汁也会给人带来生命危险。

莽山烙铁头蛇是中国特有的珍稀物种，目前，全球仅在湖南莽山自然保护区东部林区有发现，生存数量只有300条。莽山烙铁头还极具观赏价值，全身色泽鲜艳，因此被生物界称为"蛇中熊猫"。

它的发现地——莽山位于湖南省宜章县南部的南岭群山中，自古是蛇类天然的栖息地。传说中，在这里居住着古老而神秘的瑶族，是人面蛇身的伏羲女娲的直系后代。相传瑶族人继承了人性的一部分，蛇性被一种叫作"小青龙"的蛇继承。这种蛇体形巨大，有一条黄白色的尾巴，山民们认为"小青龙"和他们是一母所生的亲兄弟，但从未见过"小青龙"。

1984年，莽山林区一名职工被毒蛇咬伤，找到当地最有名的治疗蛇毒的医生陈远辉。

陈远辉就职于莽山自然保护区，与蛇共舞30多年，创制出一套治疗蛇伤的独门绝技，打破常规却神奇有效，30多年来成功救治了500多名蛇伤病人，被当地人称为"蛇博士""蛇仙""蛇痴"。他对蛇的研究成果颇丰，先后在省级和全国性杂志以及全国性、国际性学术会上，发表、宣读学术论文30多篇，许多蛇类研究的第一手资料成为国家及有关国际组织制定野生动物保护名录的

莽山烙铁头蛇　陈远辉 摄

重要依据。

　　这位"蛇博士"花了整整 1 个多月的时间才把病人体内的蛇毒清除。通过对病人询问,他觉得这是一种还没有被人类认识的毒蛇。他想到了莽山瑶族人崇拜的图腾——"小青龙"。从此,他开始上山寻找这种神秘的毒蛇,但都一无所获。

　　直到 1989 年 9 月,湖南省莽山林管局一名职工恰巧在保护区发现了两条成蛇和一窝奇怪的小蛇,它们都有白尾巴,陈远辉觉得,这正是他苦苦找寻的"小青龙"。

　　1989 年秋末冬初,赵尔宓接到莽山林管局陈远辉医生的电话,"老乡抓到一条蛇,有 2 米多长,拳头般粗,绿色斑纹,样子很奇特。"这让赵尔宓陷入深思，我国以前并没有发现过这样长又如此粗的毒蛇。

发现这条怪蛇之后的一个月，陈远辉带着蛇从湖南来到成都。赵尔宓注意到，蛇的头部两侧有一对凹陷的颊窝，他认为，这是蝰科蝮亚科蛇类独有的特点，美洲的响尾蛇也属于这一亚科。凭借多年的经验，赵尔宓判定，这条蛇是烙铁头蛇的一种，但其体形、色斑、鳞片数量等重要外形特征，与其他已经发表的烙铁头蛇种有极为明显的区别。

1990 年，在《四川动物》第一期上，赵尔宓教授和陈远辉联合署名，向全世界宣布在中国莽山发现了一个新蛇种。因为它的头部呈三角形，形似一烙铁，赵尔宓将它命名为"莽山烙铁头"。它体形巨大，可达 2 米，截至 2013 年，已发现的莽山烙铁头蛇最重的达 8.5 千克，而在没有确定为新种之前，曾经有人抓到过一条重达 15 千克的成蛇。这样的体形完全可以和世界上最大的蛇——蟒蛇相媲美，又有着和眼镜蛇一样的毒性。它的发现再次给中国爬行动物学界带来了惊喜。很快，莽山烙铁头就在世界范围内引起轰动，陈远辉也因此成了世界上第一个发现莽山烙铁头蛇的人。

多年来，投身于莽山烙铁头蛇研究的陈远辉几乎付出生命代价。为了解莽山烙铁头蛇的分布情况和生存环境，他先后被莽山烙铁头蛇咬过 9 次。第 8 次

"蛇中熊猫"——莽山烙铁头蛇的拉丁文学名以赵尔宓的名字命名　赵蕙 摄

被咬时，他留下了遗书；第9次被咬时，他丧失了自己的左手中指。他百般呵护的"莽山烙铁头"差点夺去他的生命，他却在一次次伤痛中成功配制出了蛇药。

1993年，赵尔宓的学生张服基在解剖时，发现这种蛇和其他蛇种有较大的区别，所以以它为模式种，另建新属。为表敬意，赵尔宓的学生原本是用他的名字的拼音拉丁化为"*Ermia*"作为这种蛇的属名，但此属名已被非洲的一种蝗虫先占了。2004年，德国学者 Andreas Gumprecht 和 Frank Tillack 把赵尔宓的姓也加上，成为现在的拉丁属名"*Zhaoermia*"。

自从莽山烙铁头命名的消息传开后，由于莽山烙铁头蛇科研价值巨大，加之数量稀少，让很多人疯狂。当时莽山烙铁头还不是国家级保护动物，因此偷猎者开始了大肆捕捉。为了让其得到保护，20世纪90年代末期，赵尔宓呼吁早日将莽山烙铁头列为国家重点保护动物，以防止蛇种继续外流，但金钱的诱惑使得莽山烙铁头的数量越来越稀少，即便是在莽山自然保护区，要想见到野生的莽山烙铁头也很难了。

2004 年，国家林业局公布全国野生动物调查结果显示，莽山烙铁头蛇的数量仅为 500 条左右。当年国家林业局发布的"中国 11 种比大熊猫还濒危、急需拯救保护的野生动物"名单中，莽山烙铁头蛇位居第 10 位。

# 第六节　踏遍青山

自然从不背离它热爱的人。

——华兹华斯

就这样，本着不畏艰险、实事求是的科研精神和对大自然的好奇与热爱，赵尔宓持续着他的野外考察工作。直到 2007 年，77 岁的他还顶着 40～50℃的高温考察整个新疆，在荒无人烟的地方采集到了 10 多种标本。新疆维吾尔自治区，简称新，位于中国西北边陲，首府乌鲁木齐。新疆维吾尔自治区是中国五个少数民族自治区之一，也是中国陆地面积最大的省级行政区，面积为 166 万平方公里，占中国国土总面积六分之一。新疆地处亚欧大陆腹地，陆地边境线为 5600 多公里，周边与俄罗斯、哈萨克斯坦、吉尔吉斯斯坦、塔吉克斯坦、巴基斯坦、蒙古、印度、阿富汗八国接壤，在历史上是古丝绸之路的重要通道，现在是第二座"亚欧大陆桥"的必经之地。

新疆三大山脉的积雪、冰川孕育汇集为 500 多条河流，分布于天山南北的盆地。新疆还是中国西部干旱地区主要的天然林区，森林广布于山区、平原，面积占西北地区森林总面积的近 1/3。天山和阿尔泰山区覆盖着葱郁的原始森林，因此新疆的野生动物很丰富，北疆和南疆各有不同的野生动物。全省野生动物共 500 多种，北疆的兽类有雪豹、紫貂、棕熊、河狸、水獭、旱獭、松鼠、雪兔、北山羊、猞猁等，鸟类有天鹅、雷鸟、雪鸡、啄木鸟等，爬行类有花蛇、草原蝰、游蛇等。南疆的兽类动物有骆驼、藏羚羊、野牦牛、野马、塔里木兔、

2006 年，在新疆野外工作

鼠兔、高原兔、丛林猫、草原斑猫等，爬行类有沙蟒、蜥蜴等，其中沙蜥尤其以青海沙蜥很出名，也是赵尔宓去新疆最感兴趣的物种之一。青海沙蜥为鬣蜥科沙蜥属的爬行动物。在中国大陆，分布于新疆、甘肃、青海、四川等地，常栖息于青藏高原干旱沙带及镶嵌在草甸草原之间的沙地和丘状高地，其生存的海拔上限为 4500 米。

2008 年，77 岁的赵尔宓再次带学生前往新疆采集标本。学生杨军回忆说："一路上，赵老师坐好几百公里的车也不觉得累，还不停地在车上给学生们授课。哪怕看到学生们在车上打盹儿，他也会说，'路上的观察很重要。如果睡着了，就会错过经过的地形地貌和生态环境，怎么能做好标本的采集和研究？'"

变色沙蜥　赵蕙 摄

　　杨军还回忆道，赵老一直有个心愿，要超过恩师刘承钊的野外科考的年纪——70岁。赵尔宓先生确实做到了，即使在晚年的时候，他一年也要两次去北方和南方某地进行野外考察和研究，有时候还会不顾危险亲自去捉蛇。

　　对赵尔宓的科考精神，《四川动物》编辑部的魏银松同志回忆说：

　　"因为工作关系我与赵尔宓院士结识多年，耳闻目睹了赵院士的科学精神和治学态度。

　　记得五六年前夏季的一天凌晨，赵院士的电话把我从睡梦中惊醒，邀我随他去阿坝藏族羌族自治州红原县采集标本。我从来没有去过高原，十分兴奋地答应了他的盛情相邀。我们经过一天多的跋涉，赶到了红原县一个叫瓦切的地方。这时已是午后时分，天气闷热，经过长途跋涉的工作人员包括我在内已经

赵尔宓与助手在野外考察

饥肠辘辘。但是，为了不至于错过时机，大家在赵院士带领和指导下，立即深入沙丘开始寻找和捕捉一种名叫青海沙蜥红原亚种的蜥蜴。

由于我不懂他们的专业，帮不了他们。我看见赵院士为了搜集第一手资料，尽管他的腿不太方便，但是他仍然忍着饥渴带领大家一边捕捉，一边跪在沙堆里，甚至匍匐在沙堆里，用随身携带的照相机和摄像机拍下一个个珍贵的瞬间，这哪里像是一位年过七旬的老人？五六年过去了，赵院士那忘我工作的精神，一丝不苟的态度，我至今还历历在目。"[1]

红原位于青藏高原东部，是阿坝藏族羌族自治州中部的一个县。红原历史，除唐代在刷经寺地区设有恭州、流县外，到中华人民共和国成立前基本无建制。

① 魏银松. 赵尔宓院士的新追求和新尝试 [J]. 四川动物，2007.

2006 年，新疆野外考察队队员们在帕米尔高原的中心位置——苏巴什大阪，海拔 4074 米（右起五为赵尔宓）

1253 年元灭宋后，建立土司制，设松州、潘州，辖地包括红原中北部大部，后划归陕西行省。四川阿坝藏族羌族自治州红原县距离新疆可谓是天南海北，为了观察到蜥蜴的原生状态，赵尔宓就这样风尘仆仆，到处奔波。

难怪子女们对父亲印象最深刻的就是忙碌。

"父亲常年在外，小时候父亲在家待的时间长一点，我们都觉得很奇怪，都还问他什么时候又出差。"女儿赵小苓说，"那时候野外科考的条件很艰苦，还要自己带设备，我记得 20 世纪 70 年代，他去西藏考察，我还帮他打铺盖卷，送他到机场了还不能回家，如果飞机没法起飞还要跟着回来。"

从 1993 年起，大女儿赵蕙跟着赵尔宓做科研，父亲的忙碌，她深有体会："这么多年下来跟着父亲跑了很多地方，全国只剩下三个省没有去过。"

1987 年，在美国野外工作

赵蕙说："小时候经常看见父亲房间的灯亮到很晚，甚至隔壁邻居教育自己的子女都说'你看人家赵老师，都这么有成就了还这么刻苦。'"

后来，父亲的足迹不但遍及整个中国，还遍布世界 22 个国家和地区。这位可敬的学者不是发现新物种，就是在发现新物种的路上。

他的努力最终凝聚成伟大成果——在两栖爬行动物分类研究中，赵尔宓发

2007年，在辽宁野外采集（这是赵尔宓最后一次到野外采集）

表两栖爬行动物新种（亚种）41个、新属2个、我国新纪录科1个和新纪录种17个。

　　1978年，赵尔宓获全国科学大会奖；1988年，赵尔宓获竺可桢野外科学工作奖；2001年，当选为中国科学院院士。他当之无愧！

"我走上两栖爬行动物之路是顺其自然。"

数十年后，已成中国著名两栖爬行动物学家和世界知名学者的赵尔宓这样回顾自己的科研之路。

1930 年，赵尔宓幸运地出生在四川成都一个幸福和睦的家庭中，家境殷实，家风严谨且重视读书，接受中、西两种文化启蒙。精通中、英、俄、法、日、德六国语言，当年以树德中学第一名考入华西协和大学（现在的四川大学华西临床医学院），当时是协和校园有名的才子。受我国著名两栖动物学家、学部委员刘承钊教授学术报告影响，改变了想要学医的初衷，转而坚持学生物科学。父严母慈，兄弟姐妹互爱互助，这是他后来为国家民族做出成绩的先决条件。

1935 年，跨进小学的赵尔宓又得到良师教导，萌生了对生物学的兴趣。

然而，因逢特殊年代，赵尔宓的少年时期并非循规蹈矩、与世无争。性情活跃而有组织能力的他在抗日救亡、呼吁和平的时代潮流之中颠簸、起舞，成为耀眼的弄潮儿。

随着中华人民共和国的成立，一切尘埃落定，赵尔宓的爱国之心始终矢志不渝。

第四章 缘起

　　另一方面，热爱自然和自由的天性促使他逐渐向生物学靠近。大学时期在农村生活的那几年，使赵尔宓充分领略到田园生活的宁静、闲适。他决定避开尘世纷扰，与大自然为伍……

　　尽管这样的决定最初遭遇了一些阻碍，但他坚持了下来，终成一代大师。

# 第一节　温暖家庭

*我有一个幸福和睦的家庭。父严母慈，兄弟姐妹互爱互助……这是我后来为国家民族做出成绩的先决条件。*

*——赵尔宓*

赵尔宓先生于 1930 年 1 月 30 日出生在四川省成都市，是成都驻防满洲正蓝旗，姓伊尔根觉罗，汉译赵。其先祖于康熙年间被派往四川驻防，随后家族世居成都，辛亥革命后，采用汉姓。

赵尔宓先生家境殷实，家风严谨且重视读书，因此有机会接受了中、西两种文化启蒙，也由此看见长辈对其的厚望。他不但精通中、英、俄、法、日、德六国语言，还于青少年时期以树德中学第一名的杰出成绩考入华西协和大学，是当时偌大的协和校园里赫赫有名的才子。后来，因为受到我国著名两栖动物学家、学部委员刘承钊教授学术报告的影响，才改变了想要学医的初衷，转而学习生物科学，开启了人生的新篇章。

2013 年，83 岁的赵尔宓对我详细地回忆起他的家族史：

1935—1947 年，赵尔宓的父亲赵伯钧曾担任四川善后督办办公署少将军医处长[1]，是医务界享有相当声誉的专家学者。

家道中落后，父亲在成都东胜街 26 号的家中开办了私人诊所，规模很小，取名为"亲仁医院"，实际上相当于现在的个体诊所。祖父母在他出生前好几

---

[1]　中国工农红军第四方面军战史资料选编（附卷 3）

1935 年赵尔宓与姊妹摄于亭上（右一为赵尔宓）

年就已去世，家中成人除父母外，还有两位姑姑，一位是他父亲未出阁的姐姐，他称呼"姑爸"，一位是他祖母家的侄女，他呼她"高大"，两位姑姑均由赵尔宓的父亲赡养到去世。

由于孩子太多，父母照顾不过来，赵尔宓在上小学前一直跟随着"姑爸"生活。她尽心尽力地分担赵尔宓家的生活琐事和照顾孩子，对这个家庭贡献很大。

赵尔宓家是一个大家庭，除了这些长辈外，赵尔宓还有一位哥哥和两位姐姐，以及弟妹各两个人，可能也因为如此，养成了赵尔宓从小就善于与人交往

赵尔宓的父、母亲

和分享，气质宽容平和而又不失活泼的良好禀性。

"自我出生后，父亲的事业越来越顺利，家庭经济也逐步好转，父母认为是我给家庭带来的福运。"赵尔宓说。也是因此，即便生养了8个孩子，但他仍在父母那得到了比兄弟姐妹更多的疼爱，尤其是从母亲那儿。

赵母出身私塾家庭，性情特别温柔敦厚，待子女非常慈祥，但又并不溺爱，是一个典型的贤妻良母。她与儿媳们也能和睦相处，大家都称赞她是一位难得的好婆婆。

然而，或许是因为国恨家耻，加之"爱之深，责之切"，赵尔宓的父亲在

1980 年，赵尔宓侍奉慈母石月卿（时年 80 岁左右）

管教子女方面非常严格。

　　在赵尔宓记忆中，父亲（赵伯钧）是一个不苟言笑、严肃认真的人。他不吸烟，不喝酒，没有任何不良嗜好，对儿女和下属起到了很好的表率作用。著名传染病学家曹钟梁教授对其医风和医德推崇备至，评价其在医务界享有很高的声望。赵伯钧还有个很有趣的性格：自己本身克勤克俭，但对他人求助，却总是有求必应。可是帮忙之前，却总对来者"长篇大论"，劝其注意节俭，量入为出，不要奢侈浪费等。最终钱还是要借的，而且很多都不会归还。大家因为知道他这个脾气，借钱之前都做好了心理准备，接受"教训"。赵伯钧兴趣

赵尔宓的家人
（前排左起：最小的妹妹、侄儿、母亲，后排左起：二姐、三弟、四弟）

广泛，而且非常热爱读书和收藏书籍。他有一间三面墙壁都是书橱的书房，收藏了琳琅满目的医学、哲学、历史、心理学、文学等书籍。赵尔宓记得有笛卡尔、斯宾塞、卢梭、康德等作家。除此之外，还有不少线装书，如《二十四史》《资治通鉴》等，都有专门的木箱装着。有一段时间他还研究心理学，就把赵尔宓当作实验对象，叫他识别颜色、强记数目等。他每晚必看书，从晚饭后到就寝前一直看书，这是他多年的习惯，除此没有其余消遣，哪怕周末也如此，且其间无人敢去打扰。他还有做笔记的习惯，抄下重要段落，加上自己的心得和评语，写了很多本。由于自己非常热爱读书、深知读书的重要性，自己也不爱如逛街下馆子之类的娱乐，因此除了读书以外，他也不允许儿女有其他的爱好。赵尔宓上中学时买了把二胡，被父亲发现后，当即折断烧了，吓得赵尔宓很长一段时间内不敢有别的兴趣爱好了。

不但如此，赵伯钧每晚还请来家庭教师辅导儿女功课。赵尔宓与姐妹们围在一张方桌上各做各的功课，因为年龄小，有时难免吵吵闹闹，可每当听到父亲的踱步声以及他清喉咙发出的响声，都会吓得正襟危坐，并发出更响亮的读书声。

他曾在晚年的《示儿女书》中写道："孩子们，你们能理解父亲这样的为人，这样的作风吗？父亲对你们的爱护，首先放在德行、学业和健康上……父亲对你们的态度过于严肃，金钱上又过分吝啬，这难免使你们感到不满。但从另一个方面来看，你们今天有的成了博士，成了专家，成了教师、作家或医生……在这方面父亲无愧于国家，无愧于社会，无愧于子女！"

赵尔宓父亲担任少将军医处长多年，却始终保有知识分子的风范，刚直不阿，从不阿谀奉承，甚至因此降职也在所不惜。到了晚年，躬逢盛世，生活安宁，身体安康，他感到自己越活越年轻，又开始潜心读书，做笔记，写日记，并坚持到临终。

赵尔宓夫妇与从台湾归来且已40年未见面的大姐合影

　　上天的搭配是奇妙的。赵尔宓不但有父亲的严格管教，也有大哥的爱护，弥补了父亲教育可能存在的不足之处。大哥赵尔宏比赵尔宓大9岁，赵尔宓读小学时，他读高中，在赵尔宓中学时，他已是华西协和大学药学系的助教，精通英、德、日和世界语。1947年，他考取奖学金赴美读硕，后留在美国成为教授。

　　他常常"暗中"帮助赵尔宓接触课本以外的世界，推荐给他许多有益读物，如《鲁滨孙漂流记》《罗宾汉故事》《金银岛》《木偶奇遇记》等，这些书对赵尔宓日后的优美文笔与开明思想的形成有良好影响，许多书籍他直到现在都还记忆犹新。

　　赵尔宓始终为有这样一位大哥而感到骄傲。在大哥的激励下，1947年秋，赵尔宓也考入了华西协和大学，就读生物学系。大哥同期考取赴美留学，后在美国相继取得硕士与博士学位，留在美国大学做教授，20世纪50年代初就应用同位素示踪法研究药用有效成分在植物体内的合成过程。①

两位姐姐由于与赵尔宓年龄差距较小，在一起生活的时间长些，她们帮助母亲照顾赵尔宓，给了他许多温暖。他作为四个弟妹的哥哥，也自然有一种应该关照他们的责任。

回顾起来，赵尔宓有一个幸福和睦的家庭。父严母慈，兄弟姐妹互爱互助，这是他后来为国家民族做出成绩的先决条件。

---

① 大哥于63岁病逝于夏威夷，骨灰被赵尔宓捧回中国老家赵家坟安葬。

## 第二节　时代弄潮儿

终童能请长缨，汪琦能卫社稷。匣中宝剑及时磨，东海斩鲸，西山化鸟，复仇填恨止干戈。

——19 世纪 40 年代树德中学校歌

赵尔宓 5 岁时便开始上小学——西胜街少城小学校。那时候学校还没有废除体罚。如果淘气或背不得书，就会挨手心或"下贵州"（罚跪）。然而对于那些打过自己手心，罚过自己跪的老师们，赵尔宓仍然感激他们在自己成长中给予了他有益的鞭策。

19 世纪 30 年代末之前出生的中国人，其人生都不可避免地受到了抗日战争的影响。1940 年，赵尔宓刚刚跨入小学五年级，日本军队对成都的空袭就越来越频繁，他不得已辍学，跟家人搬到西郊朱家碾墓园暂住，并就读于广益第二小学，从小学五年级从头读起。

广益小学是一所教会学校，赵尔宓在那里接受的是另一种形式的教育。校长吴寿卿是一个虔诚的年老基督徒，慈祥可亲。他每天吃饭前都要做祈祷，还要唱一首歌——"靠着两只手，盛了一碗饭，大家努力把活儿干，不做工就没有权吃饭，伊尔呀儿哟。"这首歌的歌词给小小的赵尔宓留下了深刻印象，让他很早就明白了必须依靠自己劳动才有饭吃的质朴道理。

高小两年中，给赵尔宓留下深刻印象的还有两位老师——一位姓于，是个血气方刚、疾恶如仇的青年。有一次，一个校外男青年非礼他班上的一位女生，于老师知道后，抓住那个流氓用绳子捆绑起来打，他又累又气地直到打得那个

1942 年，赵尔宓读初中一年级

流氓跪地求饶。赵尔宓非常佩服他。

另一个青年老师叫谢树中，给赵尔宓及同学们讲了许多救亡图存的道理。有一次，他突然告诉学生们，他要离开学校到陕北去。班上同学一方面舍不得谢老师离开，另一方面又钦佩他勇敢，纷纷写诗文送给他做纪念。赵尔宓也作"诗"一首，现在只记得前两句是："咚当咚当咚咚当，谢先生参军上战场。"那时他还不懂得去陕北是投奔革命，只朦胧地意识到陕北是抗日前线，去陕北就是去抗日的。

1941 年，赵尔宓以优异的成绩考入树德中学，这是当时成都最好的私立中学，校长吴照华办学认真，学校设备齐全，校风淳朴，师资水平高，学生读书氛围浓厚。

特殊的时代背景使当时许多学校除了认真办学以外，还以树立学生抗日救亡的精神为首要任务。从当时的树德中学校歌就能看出："……举目异山河，新亭涕泗多，终童能请长缨，汪琦能卫社稷。匣中宝剑及时磨，东海斩鲸，西山化鸟，复仇填恨止干戈。浃浃大国，弘颂雅声和。"

学校不仅重视学生的学习成绩，也很重视体育锻炼。除初中的童子军，高中的军事训练，平时的体育也很认真外，每年春秋两学期还分别举行两次运动会，各有会歌一首，从会歌的歌词中也可以看出锻炼身体的目的是驱除敌寇：

"金风作，暑气消，庭园清凉，天高气爽，丹桂正飘香。转眼黄花遍地，佳节又重阳。今时国势蜩螗，敌寇披猖。卧薪把胆尝，何暇恋景光。漫道登山临水乐，兴旺责任要担当。快归队，速成行，齐集操场上，来玩玩铜球铁饼共标枪。遇障碍，莫要慌；跑竞赛，定要忙。争个胜负较短长，指向要恢张。练就铜筋铁骨，气体刚强，好把敌寇攘。"

学校各科的教师都很强，直到赵尔宓后来当了院士，自己也成了桃李满天下的老师后，还能如数家珍地背出当时给他传道授业的老师的名字：代数徐庶聪、三角与解析几何杨俊明、物理刘瀛臣、化学周守谦和高华寿、中国史罗孟祯、世界史欧亮甫、地理龚仲舆、生物郑实夫、英语万千里、英文法李书龙、国文胡万锟、文学史庞石帚等，他认为他们都是学识渊博、教学方法优秀的老师。由于课讲得好，顽皮的学生们就以所教课程给老师起了不少绰号，什么"杨三角""肖几何""徐代数"等。尤其是郑实夫老师的生物学，讲得那叫一个深入浅出、庄谐并重，引人入胜！赵尔宓后来选择生物专业，与他的启蒙不无关系。那时候国文都讲古文，教材以《经史百家杂钞》为主，也可参考《古文辞类纂》。庞石帚老师讲的中国文学史是他最感兴趣的课程。他的中文写作与对文学的兴趣，就得力于中学的基础。半个多世纪后，这些老师的音容笑貌还能栩栩如生地浮现在赵尔宓的眼前。

树德中学是男女分校，当时男生部有两个学术团体，一是树光学会，一是弘毅学会。学会的活动之一就是出墙报，其设计讲究，内容丰富。许多同学都能写诗词，有的书法也很好。赵尔宓初中毕业时，挚友苏炬声写了一首词赠他：

"垂柳青青弱弱，时光暮暮朝朝。日长天气无聊，更哪堪故旧离掉。想是上天情薄，频分道义之交。赵君此去鱼龙变，预计身心定自安。"

挚友写的这首词原稿早已不复存在，但多年来内容却一直深藏在赵尔宓心底。我记录时也不由得感叹：这要如何的情感、文笔与底蕴，才能令一个初中生写出这样一首意境深远且是君子之风的词来！另一个有趣的现象是，那时无论是同学，或是老师的名字，用词用字都不简单，有的甚至可以说是生僻，但都有一个共同点——意味深长。不知是那个时代的风尚，还是赵尔宓所处环境里人们都颇有知识文化背景的缘故。

抗战时期，这所培养了无数谦谦君子的学校被迫迁至西北巷子万福寺。1943 年，日军早已东扼三峡出口，南掠贵州独山，对四川形成夹击，许多树德同学痛感山河变色，秉承校训，投笔从戎，以攘敌寇。未满 16 岁的赵尔宓无应征资格，很是郁闷，不过他也没有闲着。

"在中小学时期，我曾深受民族歧视之苦，哪里有压迫，哪里就有反抗。针对民族歧视政策，当我进入高中后（1944 年秋），就着手团结满族、蒙古族青年，建立组织。"赵尔宓回忆。

赵尔宓最初吸收了赵、刘、穆几家至亲中的青年，取名"同仁学会"，意为一视同仁。以后逐渐扩大到成都所有满族、蒙古族青年，人数最多时已经超过 200 人。经长辈建议，更名为"进修学会"，进取修业之意。

从 1944—1949 年，由于会员们的信任，赵尔宓一直担任学会会长。学会早期活动仅限于交流图书、小刊物、开展文娱活动、为青少年补习文化等。其目的是为增进民族内部团结，提高自身素质。

1946 年，赵尔宓的表叔苏成纪①加入进修学会，经常向地下党汇报进修学会的情况。地下党很关心和重视学会的作用，指示苏成纪负责联络学会，把学会作为团结和影响广大满族、蒙古族青年的工作点。

自此，进修学会举办的活动越来越多，增加了传播进步思想，开展社会调查，教唱进步歌曲，还在实业街三英小学公开举办文娱晚会，朗诵革命诗歌、演话剧等，歌曲名字有《古怪歌》《朱大嫂送鸡蛋》《山那边好地方》等。

这样一来，赵尔宓最初是想反对民族压迫才创立的进修学会，在地下党的影响下，逐步走上革命的道路。

说来也奇怪，一向不准子女参加任何课外活动的父亲，唯独对进修学会大开绿灯，不但不加干涉，甚至默许儿子在家里开展活动。

1949 年底，成都进修学会的部分会员陆续参加了工作，进修学会也自动停止了活动。

少年时代的赵尔宓做的另一件令人瞩目的事情是：组织学生罢课。那是

---

① 中共成都地下党外围组织"民协"领导的"雏鹰剧艺社"成员，1948 年加入地下党。

1945 年，日寇已经投降。经过 14 年抗战，饱经战争创伤的人民盼望能休养生息，而国民党违背民心悍然发动内战，激起群愤。

赵尔宓记得当时他们班的教室正处于校门的甬道上，凡入校的同学都要经过他们教室的窗下。他们班同学凑钱订了一份重庆出的《新华日报》，大家都争着看，想从中获得一些真实的消息。

后来不知谁出的主意，干脆把报纸用报夹夹住，悬挂在教室的窗户上，好让全班同学都有机会看到。

不久，学校迁回宁夏街。在赵尔宓高中毕业前不久，中共成都地下党组织领导的"反饥饿、反内战"活动如火如荼地开展起来。赵尔宓班的地下党员等也积极参与活动，给同学介绍学生运动情况，并建议他们发动罢课。

赵尔宓听后，自愿担负鼓动学生罢课的任务。他是走读生，放学后本应回家，可是他却留下来，等住校同学吃过饭上晚自习前，他便在进步同学的陪同下，向每个同学进行宣传，鼓动大家参加罢课。

几天后的放学前，校长突然紧急召集全校学生到礼堂集合，当众宣布不准罢课，凡参加罢课者一律开除，最终树德中学的罢课偃旗息鼓了……

后来，中华人民共和国成立，一切尘埃落定。学生生涯结束后，赵尔宓便走上学术研究之路，但是爱国之心始终矢志不渝。

他一直密切关注着国家大事，期望祖国越来越兴旺、发达。他曾对我说："虽然我不是共产党员，但我对党和国家同样忠诚。我们这代人已经老了，但未来是你们年轻人的。我们还未实现的愿望，希望能在你们这一代实现。"

# 第三节  "逃"进生物学殿堂

我宁愿生活在我的周围充满神秘事物的世界上，而不愿生活在我头脑所能理解的狭小天地里。

——哈瑞·艾默生·福斯狄克

1947 年，赵尔宓以第一名的成绩考入华西协和大学理学院生物学系，一所"牙科圣殿"里的"冷门专业"。

华西协和大学校训为"仁智忠勇，清慎勤和"。1905 年，清朝废除科举，基督教各差会决定联合在四川政治文化中心的成都创办一所规模宏大、科学完备的高等学府，并由毕启（Joseph Beech）、启尔德（O.L.Kilborn）和陶维新（R.T.Davidson）等人着手筹建。1910 年 3 月 11 日，在成都"南门外二里许、锦江之滨、南台寺之西选择了据传为古'中园'旧址的风景清幽之地"——华西坝，华西协和大学正式开学。由于它是由英、美、加拿大三国基督教会的 5 个差会（美以美会、公谊会、英美会、浸礼会、圣公会）共同开办的，故名华西协和大学。也正因如此，当时的成都市民都称之为"五洋学堂"。

在西方著名教育家波尔顿、张伯伦的指导下，华西协和大学的组织方案、专业设置、课程计划、教育管理等都处于当时较为先进的水平。与四川通省大学堂（四川大学前身）的"中西并重"相比，华西协和大学可以说是"全盘西化"的。它所实施的教育以西学、神学为重，其教员大多来自英、美、加拿大三国。学校的组织管理按"协和"的原则，仿照牛津、剑桥大学的体制，实行"学舍制"，即每个差会建立和资助自己的学院，管理自己的资金和设备；学校

1947 年，赵尔宓就读华西协和大学生物学系第一天

则提出教学大纲，制定录取、考试标准，使集中化与个性化相结合。这个创造性的体制既解决了各教会提供资金、设备和相互的协调工作，也反映了现代大学的特点，保证了学校在育才方面拥有独立的办学自主权。

抗战时期，中国大后方的教育文化中心有"三坝"：重庆沙坪坝、成都华西坝和汉中鼓楼坝。华西坝因处于"天府之国"首邑成都，环境优裕，故被誉为"天堂"；中央大学所在的沙坪坝，被称为"人间"；鼓楼坝因各方面条件较差而被贬为"地狱"。风景优美的华西坝，对于饱受战火之苦的五校师生，不啻是理想的"天堂"。对于坝上风光，陈寅恪先生有诗赞曰："浅草方场广陌通，小渠高柳思无穷。雷奔乍过浮香雾，电笑微闻送远风。"

在这风景如画的"天堂"里，也有着平常人的艰辛。一次讲话时，张凌高说："本校教职员的待遇一向是公开的事实，比较任何大学都在低劣……最近某大学的学费已增至百二十元，又学校假借食米问题延期开学。但个人以为无论时局是何等艰苦，能开学就开学，多上一节课，就多上一节课。这都是学校上所以报效国家，下所以成全学生。"最困难的几年，华西协和大学非但未随波逐流提高学费，裁减生源，学校的在校学生却从过去的335名增加至1300名。张凌高常年身着一件补丁西装，常用"十年不制衣，穿破衣教学""前方有啥吃啥，后方吃啥有啥"激励师生，并自己带头降低工资。

1941年，抗战进入到最艰苦的阶段，物价飞涨，学校经费紧缺，师生生活困苦。当时公务员每月有5斗"平价米"补贴生活，张凌高八方游说，竭力为华西协和大学与五校的教职工和学生争得这一优待。可以说，五校的学生能顺利在成都完成学业，没有张凌高的支持是绝对不可能的。

因此，华西协和大学不但是中国最早的医学综合性大学，中国现代高等医学教育的发端之一，也是成都乃至中国西部所建立的第一所现代化意义的大学。抗战时期，这里成为保存、延续中国高等教育命脉的圣地之一。这里也是我国牙科学的发源地，享有了"东亚第一"的美誉，其文、理、哲各科在当时的西南地区也是处于顶端的位置。

当时赵尔宓选择这个学校的生物学系不是最热门的牙科专业，有两大原

1951年，华西协和大学毕业合影

因：一是中学时代便萌生了对生物学的兴趣；二是他逐渐觉得旧社会人际关系复杂，勾心斗角、尔虞我诈，让他深感厌恶。

因战事迁至农村生活的那几年，使得赵尔宓充分领略到田园生活的宁静、闲适。春风轻拂着田边婆娑的绿叶，飒飒地从他双臂间溜走。阳光在他脸上留下金色的吻痕，原野的鲜花和泥土发出醉人的清香……

热爱自由与美的天性在赵尔宓心头复苏。他决定——选择学习生物学，从今以后与大自然为伍，避开尘世纷扰。

然而他的决定最初却遭到不小的阻碍：

"我家兄弟姊妹八个，其中有四人是学医的。当时在成都，有一条不成文的说法：凡是四川大学法律系的毕业生都可以到地方上谋得一个诸如县长之类

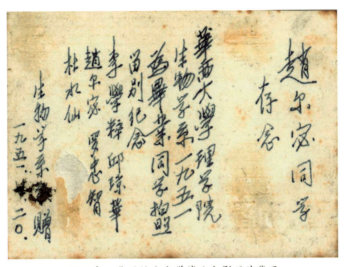

1951 年，华西协和大学毕业合影照片背面

的官职；去华西学医也是个不错的选择，因为华西协和大学是以中国口腔医学发源地的出身而闻名全国的高等学府。但是，我这个人不愿从政，因为要和人打交道，麻烦，也费脑筋。所以对于学法律呀、当官呀，没有丝毫兴趣。本着热爱自然的天性，我就下定决心报考了华西协和大学的生物系。"

　　当亲友们知道赵尔宓选了个很不实用的专业后，纷纷劝他改行学医。他们的口径几乎都一致："太可惜了，都考上了华西，要是选择口腔医学该多好。"

　　华西的口腔最有名，学成之后，基本的生活保障是不用愁的。生物学在当时是冷门，毕业之后连工作都不好找。当时是乱世，研究动物又有什么用呢？

　　轮番"轰炸"下来，赵尔宓也动摇了信念。一天早晨，赵尔宓去了医学院院长曹仲梁教授家中，请院长允许他转入医学院学习。当时曹仲梁没有当面拒绝他，只是很委婉地说："现在已经开学，不好马上转系，建议你读完一年级后再转。"

也就是等着转系的这一年里，赵尔宓遇到了对他影响巨大的人，他的恩师——我国著名的两栖动物学家、学部委员刘承钊教授。

1947年秋，刘承钊刚从美国讲学回国。赵尔宓刚进学校就听说有一位学术造诣很深的著名教授即将回国，大家都在期盼着。刘承钊温文尔雅、彬彬有礼的举止风度，早已给赵尔宓留下良好的印象，聆听几次报告后，他更为刘承钊渊博精深的学识所折服。

每周日上午，刘承钊组织全系学生进行学术交流活动。赵尔宓自选的报告题目是《生物的适应性》，由于材料丰富，讲了整整三个小时。这位世界知名的学者不但耐心听完，还给他提出一些中肯的意见。这让赵尔宓打消了转系的念头，安心读生物学系了。

他相信，崇高的学术地位，归因于锲而不舍的治学精神。就这样，一颗把毕生献给动物学研究的种子，在赵尔宓的心里扎根了。

大学一年级时，赵尔宓有幸被刘承钊教授接纳为学生助理，在华西协和大学自然历史博物馆半工半读。曾经两次跟随刘承钊到成都彭县(现在的彭州市)白水河与九峰山进行野外工作，也是这两次野外工作开拓了赵尔宓的视野，满足了他与大自然为伍的愿望。

彭州是古蜀文化发祥地之一，距成都市区仅 19 公里，素有"天府金彭，蜀汉名区"的美誉。这里历史悠久，文化灿烂，自然地理、人文风物独具特色。"牡丹故乡、避暑天堂、五教汇聚、地质奇观"构成彭州四大主体特色旅游资源，同时拥有五大国家级旅游品牌："龙门山国家地质公园""白水河国家自然保护区""白水河国家森林公园""龙门山国家级重点风景名胜区""湔江国家湿地公园"。

后数十年的野外工作，虽然遍历名山大川，但赵尔宓至今仍留恋川西山区小桥流水、竹林茅舍的景致。不过，这意境总是伴随野外工作的结束而消失。每每回到学校，现实生活又是另一番景象。

1949 年 12 月 27 日，成都终于和平解放。全校各个院系在各自教学楼张灯结彩，赵尔宓也喜不自禁。他在生物学系大学门前写下一副对联："庆贺解放，不管它花儿，鸟儿，个个儿都欢喜。反动消灭，无论是动物，植物，灾灾生物大翻身。"引来全校许多师生驻足观看。

1950 年初，华西协和大学成立工会，赵尔宓成为第一批会员，不久又应聘到川西卫生学校兼授生物学一学期。同年，刘承钊受聘前往北京燕京大学任生物学系主任，赵尔宓非常不舍，因为他本打算大学毕业后，师从刘承钊做生物学研究。

1951 年，西南军政委员会文教部派人从北京将刘承钊教授接回成都，担任华西协和大学改组新建的四川医学院的院长。当年 7 月，赵尔宓大学毕业，在重庆集中学习一个月后，被分配到哈尔滨医科大学任助教。哈尔滨医科大学位于黑龙江省哈尔滨市，是 1949 年 4 月由原哈尔滨医科大学和原兴山 (现鹤岗市) 中国医科大学第一、二分校组建而成。2015 年 11 月 20 日，黑龙江省人民政府、国家卫生计生委、教育部共建哈尔滨医科大学，目前为国家教育部首批试办七年制高等医学教育的院校、中西部高校基础能力建设工程、卓越医生教育培养计划重点建设高校之一，是黑龙江省重点建设高水平大学、省部共建大学、中俄医科大学联盟中方牵头院校，黑龙江省高等医学教育研究基地和临床医学硕士专业学位研究生培养模式改革试点高校。尽管这所学校也很优秀，但思念女友的他迫切想回到成都，但那并不是容易的事，因此逐渐地赵尔宓也做好了将

女朋友 [①] 从成都接到哈尔滨的准备。

凑巧，赵尔宓同校生物学系，将要被调到成都的一位女同学，与哈尔滨另一所学校的老师恋爱、结婚。在刘承钊的帮助下，赵尔宓才和这名女同学对换。

1954 年 5 月，赵尔宓终于被调回已更名为四川医学院的母校，但当时赵尔宓并未能立即跟随刘承钊，而是被安排在徐福均教授门下，研究胚胎学。

1956 年，赵尔宓调到中国科学院成都生物研究所（当时名为西南生物研究所），历任助理研究员、副研究员、研究员、研究室主任，直到 1982 年至 1992 年之间，还担任过三届副所长。中国科学院成都生物研究所成立于 1958 年，当时定名为中国科学院四川分院农业生物研究所，1962 年 9 月更名为中国科学院西南生物研究所，1971 年 1 月更名为四川省生物研究所，1978 年启用现名。

回到 1956 年，时年 26 岁的赵尔宓开始了自己的采集生涯。花了 3 年时间，赵尔宓在阿坝州汶川县研究峨眉树蛙的繁殖和胚胎发育。汶川县位于青藏高原东部边缘、四川省西北部，素有"大禹故里、熊猫家园、羌绣之乡"之称，是华夏始祖大禹的出生地，全国四大羌族聚居县之一。这里植物资源种类繁多，科属很全，一共有 4000 种。汶川县生物资源也很丰富，有野生动物 2004 种，

---

① 赵尔宓后来的妻子，涂茂浏。

珍稀品种有大熊猫、金丝猴等45种。从已采集到的标本看：昆虫有20多个目、700多种。鱼类有6种，两栖类有9种，鸟类有208种，兽类有96种。在这些动物中，不仅有猕猴、云豹、水鹿、灵猫等喜温湿的南方动物，还有牛羚、猞猁、马熊、白唇鹿、白马鸡等耐严寒的高原和北方动物，其中属于国家一级保护的珍兽有大熊猫、金丝猴等4种，二类保护的有小熊猫、雪豹、红腹角雉等17种，三类保护的有林麝、金雕等8种，总计29种。雉鸡更是卧龙动物中之一大特色，全国56种中，卧龙占11种，属国家保护的种类。

是年，党号召高等学校教师开展科学研究。按照刘承钊老师的安排，他跟随徐福均教授从事峨眉树蛙的研究。峨眉树蛙产卵于水外，发育完成的蝌蚪在雨水的冲刷下，从卵膜内孵出后才掉入水中生活。赵尔宓模仿它的条件，将正常产卵在水中发育的黑斑蛙卵让卵膜充分吸水之后平铺于培养皿中，加盖避免过度蒸发，照样可以发育成蝌蚪；加入大量的水将胶膜稀释也能孵出。赵尔宓因此得出结论：蛙类发育中的胚胎并不需要外环境中的水分，只是由于没有能够过度蒸发以及支持卵内容物的卵壳，所以必须在水环境中完成发育。

历经几番曲折，直到1962年，赵尔宓才得偿所愿，开始给刘承钊教授当助手，真正投身到两栖爬行动物分类区系的研究。这一年，赵尔宓32岁，他

峨眉树蛙  赵蕙 摄

终于能亲手触摸到少年时代深埋心底的梦想了。如果从他上高中算起的话，这一天他已经等了 17 年。从此以后，他把自己的全部精力都献给了这份他梦寐以求的事业，并取得了一连串引人注目的成就。

这是一连串令人瞩目而富有价值和突破性的成就：

从 1962 年开始，到此后的 20 年里，他曾奔赴 15 个省及自治区调查采集，到过东北的林海雪原，穿过西北的草原荒漠，翻越过世界屋脊喜马拉雅山，深入过热带雨林，为探索两栖动物类的奥秘踏遍了祖国大半河山。除采集了大量标本外，还发现并命名 34 种两栖爬行动物，建立了有尾类两个新属。

1969—1970 年，根据国防需要，到西南边疆与昆明动物研究所同志合作调查毒蛇及蛇伤治疗方法，研制成功云南蛇药。

1976—1977 年，应新疆治蝗灭鼠指挥部的邀请，赵尔宓奔赴天山及北疆调查研究中介蝮对牲畜的危害及防治。提出消灭蝗虫和鼠害，以断绝蝮蛇食物来源和隐蔽洞穴，以及挖捕冬眠毒蛇的综合防治措施。

1978—1980 年，开展蝮属蛇类的分类学研究，从而发现了旅顺附近蛇岛上的蝮蛇，认为我国蝮蛇有若干种，东北地区是蝮属蛇类的分化中心。以后的研究又提出横断山北段是蝮属蛇类分化的另一个中心。

1981—1983 年，研究我国特有单科单属独科种瑶山鳄蜥的分类地位，国外学者曾将它并入美洲的异蜥科，经赵尔宓研究后，提出应恢复鳄蜥科的结论。

1973 年，通过对西藏南部的调查研究，除发表新种墨脱竹叶青蛇外，首先（1977 年）提出我国喜马拉雅山南坡地区应划为西南区的喜马拉雅区。其次在对南迦巴峰山区考察的基础上，1986 年将该区的范围沿雅鲁藏布江大拐弯水流通道向北扩大到通麦易贡一线。

我国地跨动物地理分布的古北与东洋两大界。两界的分界线在西部为喜马拉雅山—横断山脉—秦岭一线为众所公认。在东部则众说纷纭，或为长江，或为淮河，或为南岭，迄无定论。赵尔宓根据毒蛇分布的研究，提出它可能不是

1984年，赵尔宓（中）指导成都生物所研究生王跃招、谢小军、张耀光、谭安鸣进行解剖

一条有形的界限，而是一条受气象综合因素——等温线、降水量、季风、无霜期长短等制约的无形界线。就毒蛇来说，这条线大致在北纬31°左右。赵尔宓将毒蛇分布规律的认识与蛇伤危害相结合，还提出了蛇伤医学动物地理学的概念。

关于动物地理分布的研究，赵尔宓在晚年又将兴趣集中在东亚岛屿方面。

在赵尔宓担任研究室主任期间，他积极鼓励与支持开展新技术与新方法的应用，研究室一度有若干同志运用染色体组型、各种电泳、组织化学等手段解决分类学问题，他自己也与上海生化研究所和上海生理研究所的同志发表了我国第一篇以生化方法研究毒蛇分类的论文，与本室同志发表若干篇染色体组型研究的论文，目前，年轻同志还在继续并发展这方面的工作。

当时，赵尔宓已经培养了 7 名硕士研究生，其中 2 名已经在美国获博士学位并留美工作，1 名正在加拿大攻读博士学位，3 名曾到美国进行合作研究，更有甚者已成为某些领域的专家。

"这些年到野外考察的次数多得数不清。很多事都变得模糊，翻开日记本，能回忆起当时的一点一滴。"赵尔宓说。

赵尔宓书桌上总有一本台历，密密麻麻地批注着每天的事情。每过一天，台历上的日期都会被划掉。书架的最上层则整齐地摆满了一排日记本。每本日记本的背脊上都注明了代表野外考察年份的数字。翻开日记本，一系列有关两栖爬行动物的形态、捕食、习性以及运动方式的记载就会映入眼帘，其中蛇类研究尤为丰富。

为了交流研究成果，20世纪90年代初，赵尔宓开始将自己多年的分类学成果整理成书，并陆续出版。他主编或参加编写的专著、工具书等共30余种，包括《中国两栖爬行动物学》《中国动物志》《中国蛇类》等具有里程碑意义的著作。

同时，赵尔宓还保持着编辑出版的爱好。1972年起，他便亲自参与校对、编印和版式设计等编辑出版活动，创办了《两栖爬行动物学报》《四川动物》等系列报刊。

由于赵尔宓在国际学术界有很高的声誉，多年来他受到海外各方邀请。14年来，赵尔宓先后出访11次，足迹遍及22个国家和地区，为促进我国两栖爬行动物学的发展和对外

第五章　自然之歌

交流作出了杰出贡献。

厚厚的学术专著、琳琅满目的报纸杂志以及国际研讨会演讲稿，就像一首首动听的自然之歌，蕴含了两栖爬行动物界的无穷奥秘，唱出了赵尔宓的贡献与收获。

# 第一节 填补空白的学术专著

我依然沿着刘承钊所开辟的道路在行走。

——赵尔宓

从 1966 年赵尔宓发表第一篇论文以来，他一共发表论文 150 多篇，出版专著、主编论文集、图谱、手册至少 20 余种。此外，20 世纪 50 年代，赵尔宓还翻译过俄文书籍 4 种。

赵尔宓的第一本个人著作是 1994 年与美国鹰岩教授合作出版的《中国两栖爬行动物学》(*Herpetology of China*)。这是第一部全面系统地论述 661 种两栖爬行动物的专著，被国际著名的两栖爬行动物学家、俄罗斯科学院院士 Ilya Darevsky，美国科学院院士 David Wake 评为"里程碑之著""无疑开创了研究这辽阔地域的两栖爬行动物区系的新纪元的划时代的巨著，它的影响将会持续大半个世纪。"

据国内热爱两栖爬行动物研究的读者反馈，该书最大的亮点在于：书的前半部分是对推动中国两栖爬行研究的各国学者的人物介绍，可以很清楚地发现在中华人民共和国成立之前的两栖爬行研究学者主要来自于美国、俄罗斯和日本等国，可见我国的两栖爬行研究起步还是比较晚的。相比其他高等动物门类来说，中国专门从事两栖爬行动物学研究的学者要少很多，因而与其相关的书籍也较为匮乏。一直以来，与其相关的书籍多为专业的文献资料，而图片信息较为匮乏，对于很多物种的描述仅能参考模式标本和部分依据模式标本绘制的墨线图，不利于研究者及爱好者的野外识别。随着自然爱好者人群的不断扩大，再加上数码摄影的普及，更多的人乐意投身大自然的怀抱去寻觅各种动物，并用相机留下它们灵动的身影，可是问题来了，拍了这么多，我拍的到底是什么啊？不少爱好者陷入了这样尴尬的境地。所以两栖爬行爱好者也要像"鸟人"那样准备各种图鉴等工具书，利于方便快速准确地识别物种。

1998 年和 1999 年，赵尔宓的另外两部重要著作——《中国动物志·爬行纲·有鳞目·蛇亚目》和《中国动物志·爬行纲·有鳞目·蜥蜴亚目》又相继付梓。除了珍贵的学术价值以外，这两部作品对赵尔宓个人而言还有着特殊意义。

"早在 1956 年，我的老师刘承钊就有一个想法：编写一部《中国动物志》，详细记录下中国境内的每一种动物。可是，要完成一项如此庞大的工程，对于当时科学技术还很落后的新中国来说，似乎有些任重道远。当时，中国的动物学研究不仅远远落后于西方发达国家，就是和邻国印度相比，也有着不小的差距。"

五十余年过去了，赵尔宓花费了半辈子光阴才弥补了这个差距，但对于神秘莫测的自然界，谁又能担保完全不会再有令人惊喜的新物种被陆续发现？

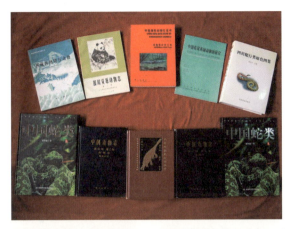

琳琅满目的各类著作及赵尔宓创办和主编的部分杂志　赵蕙 摄

　　"我依然沿着刘承钊所开辟的道路在行走，"赵尔宓说，"也许，时时都会有新的风景入眼。"

　　果然，在《中国动物志·爬行纲》一书出版8年之后，赵尔宓又为读者带来了新的风景——精美的《中国蛇类》面世了。

　　此书是赵尔宓学术专著里的又一巅峰之作，是对《中国动物志·爬行纲·有鳞目·蛇亚目》一书的补充和完善，是从事动物学基础的研究，特别是蛇类分类学研究的专业人员不可多得的一本参考书。

　　该书的主要特点是系统性、科学性和创新性。首先，其封面就给人眼前一亮的感觉：印制精美，装帧上乘，大16开本，显得十分大气。封面刊载的是我国特有种——莽山烙铁头蛇的彩色照片，栩栩如生，让人爱不释手。其次内容方面，全书分上、下两册，上册为分类检索和文字介绍。上册由介绍蛇类基本知识的"总论"、检索蛇类的"分类检索"和介绍各种蛇类信息的"各论"三大部分组成。文字部分不仅描述各个物种的体貌特征、生存环境，还在总论部分通俗易懂地介绍了蛇类的基本生物学知识和蛇类研究简史，包括"蛇类在自然界的位置及其与人类的关系""蛇类的特征和它们在自然界的近缘""蛇亚目的分类研究""蛇类的生活""我国古代关于蛇类的认识""现代我国学者对蛇类的科学研究"这六个章节，让读者特别是刚刚踏入这一研究领域的读者能较全面地认识蛇类。

在"分类检索"中，赵尔宓根据实际情况列了"分类检索常用名词术语""蛇类的测量""蛇亚目检索至中国各科""中国各科检索至中国各属""中国各科、属检索至中国各种"五个章节，运用了大量墨线图来介绍蛇类具有分类学意义的特征，又用极其严密的特征描述作检索表，为鉴定蛇类标本提供了基本资料。

在"各论"中，本书具体到种，详细阐述了9科66属205种中国蛇类的原始描述文献出处、种类名称（包括古名、地方名、英文名）、形态特征（包括大小、色斑、鳞片等）、生态及行为特征（包括栖息环境、食物、繁殖、垂直海拔分布、地理分布等），有的种类还做了种下分类、分类意见等补充。

这些表述都是赵尔宓数十年的心血积累，他不但查阅、测量了世界各国博物馆收藏的有关标本，而且还综合了国际最新的有关分子演化的研究成果，实为集大成者。各部分皆有高度系统性，具有极高的科学性和先进性，从另一个侧面反映出了赵尔宓极其严谨的科学态度。

《中国蛇类》下册为彩色图鉴，全铜版纸印刷，照片清晰，形象生动地介绍了我国常见的主要蛇类，不仅是专业研究人员的参考书，也是从事蛇类教学、养殖、保护、进出口贸易等人士和广大爱好者识别物种的工具书。它最大的亮点是：几乎收录了我国每种蛇类以及其生活环境的彩色照片，达201种蛇、500多幅图片，仅有少数几种实在稀有的蛇类未收集到，可以说是前所未有。

彩色照片是真实、直观地反映各种蛇类的形态特征的重要资料，为鉴定蛇种提供了宝贵信息。赵尔宓采用的照片多为蛇类的生活状态，有的还从不同角度拍摄，这样不仅色泽艳丽，而且形象生动。有的是近照特写，让读者可以观察到蛇类鳞片特征，还有些照片是在蛇类捕食或繁殖时拍摄的，非常不容易拍到，更加大了这本专著的科学性和观赏性。此外，赵尔宓考虑得非常细致，还采用了很多蛇类栖息环境的照片，为读者了解其生活习性提供了参考。

赵尔宓能收集到如此齐全的照片，一方面得益于很多同行和爱好者的大力支持，显示了我国蛇类研究欣欣向荣的前景；另一方面也是他常年在野外不辞劳苦、跋山涉水所得的收获。赵尔宓不畏艰辛、严谨求实的科学精神实在令人敬佩，值得每一个科研工作者学习。

我曾在本传前半部分中提到，蛇本是一种十分古老的动物，出现在距今约

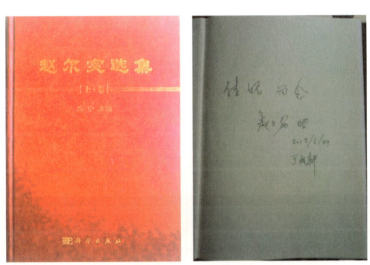

赵尔宓赠本书作者傅佳妮——《赵尔宓选集》上卷

1.35亿年前的侏罗纪时期，在古人心中有着至高无上的地位。《史纪·三皇本纪》中记载，伏羲氏与女娲氏都是人首蛇身之物。在我国许多其他古籍，如《山海经》《本草纲目》《本草拾遗》等书里，也能够发现有关蛇类品种、形态、生理、医药等方面的记述。然而到了近代，我国的蛇类研究却停滞不前，不仅落后于欧美等发达国家，也落后于印度等一些发展中国家。在某种程度上，赵尔宓的研究填补了我国现代蛇类研究的空白。

2011—2012年，在赵尔宓八十寿辰之际，中国科学院成都生物研究所和四川大学联合出版了《赵尔宓选集》。该选集分上、下两卷，共计1000余页，是赵尔宓近50年来在两栖爬行动物分类学方面发表的科学论文的选编，并在此基础上增加了一些新的照片和改进。"它不但是学术界的一本重要参考文献，也是这位科学家观察和认识世界的思想汇集，并呈涌泉之势在几十年后凸现。"①

《赵尔宓选集(上卷)》所收录的文章内容包括：若干新种和建立的新属2个，新记录的1个科和若干种，以及我国涉及这两类动物的地理分布和区系调查等方面的论文。《赵尔宓选集（下卷)》选择汇编的文章内容包括：中国安徽、四川二郎山、福建、湖北、湖南、海南和西藏南峰地区的爬行动物（安徽、二郎山和西藏南峰地区尚包括两栖动物），以及作者在国外（如英属维尔京群岛及温带东亚地区）的调查结果，蛇类种下和种上的分类研究。该书重点内容是蛇类的研究，也包括部分两栖动物、龟鳖类和蜥蜴类的研究。纵观全书，不但能大致了解赵尔宓院士的研究范围和历程，也可为研究这两类动物的人士提供借鉴。

---

① 吴宁，中国科学院成都生物研究所所长，《赵尔宓选集(上卷)》主编，2009年写于《赵尔宓选集(上卷)》序言。

## 第二节　推动发展的编辑与出版

> 我的另一爱好就是编辑与出版
>
> ——赵尔宓

为了交流基础研究成果，1972 年起，赵尔宓就编印了《中国蛇类检索表》。两年后，又编印了《两栖爬行动物研究专刊》第二辑。1976 年与 1978 年分别编印了第三辑与第四辑。这四辑成为一个系列，名为《两栖爬行动物研究资料》。

两年出一辑，内容虽然丰富，但间隔太久，不能起到及时交流的作用。从 1978 年起，赵尔宓采取随编随印、连续编号，不定期出版的方式，刊名为《两栖爬行动物研究》(*Acta Herpetologica Sinica*)。从 1979 年 8 月到 1982 年 6 月，共出版了 6 卷 (辑)。

以上刊物都由成都晚报印刷厂代印。由于报社工人很少排印科学刊物，对外文不熟悉，每期排印时，赵尔宓都整周到印刷厂排字车间配合工人一起工作，及时解决排版中的问题。

有时他还承担从编辑、版式设计到校对的全部工作。在实践中，赵尔宓对编辑与出版工作产生了浓厚兴趣，并得到许多乐趣。

有了 10 年出版刊物的经验和成果后，中国科学院出版委员会批准赵尔宓以《两栖爬行动物学报》为刊名，作为季刊，从 1982 年开始正式出版，刊物的拉丁名不变。

由于批准时间已晚,1982 年第一卷只出了 1 期,1983—1987 年每年 1 卷 4 期。由于是正式刊物,成立了编辑部,有固定人员编制,赵尔宓担任主编。

后来,学报又被国家列为核心刊物之一。可是,到了 1988 年第 7 卷的两期之后,学报因所里经费困难而停办。

赵尔宓十分难过,但并未因此灰心。因为他在 1978 年底就已做好思想准备,又另起炉灶创办了以英文论文为主的中国《蛇蛙研究》(*Chinese Herprtological Research*),于 1978 年 10 月出版第 1 卷 (一期)。

由于以英文发表论文,就更便于国际交流。为了筹措这一期的经费,赵尔宓大费周折,如果连续出刊,经费将难以为继。正为难之时,美国朋友、伯克莱加州大学的 Theodore Papenfuss 先生自愿拿到美国办,经费由他全部承担,由赵尔宓任主编,他任副主编。

从第 3 卷起,考虑到扩大稿源,更名为《亚洲蛇蛙研究》(*Asiatic Herpetological Research*)。该刊的办刊宗旨为:介绍国内外两栖爬行动物研究领域的新技术和新成果,为相关学科的研究工作人员提供科学数据、技术支撑和决策依据,搭建两栖爬行动物研究学术交流平台,促进国际交流与合作,推动我国两栖爬行动物研究的发展,扩大我国在该领域的国际影响力。

20 世纪 70 年代，在成都生物所办公室写稿子

但刊名改了，失去了中国特色，加之中国当时能撰写英文稿件的人暂时不多，所以赵尔宓在 1990 年纪念恩师刘承钊教授诞辰 90 周年出版的《从水到陆》文集的基础上，将其作为《蛇蛙研究丛书》（*Herpetological Series*）第一卷，连续出版下去。经费则采取募集或由著者自行筹款。

除此之外，早在 1981 年，赵尔宓以四川省动物学会副理事长兼秘书长的身份，积极筹备，亲自组稿、编辑，出版了《四川动物》两期试刊。

从 1982 年起，《四川动物》作为四川省动物学会的刊物，每年 4 期为 1 卷，公开发行，1996 年已出刊 15 卷。《四川动物》主要报道和交流动物学及其分支学科和野生动物保护方面的基础研究，应用基础研究的成果、理论、经验和动态，宣传保护野生动物，设有研究报告、基础资料、野生动物保护与自然保护区、教学探索、综述等栏目。

2006 年 11 月，在去马来西亚开会的飞机上审稿

赵尔宓在编辑出版方面非常严谨。中国科学院成都生物研究所研究员曾小茂是赵尔宓的同事兼学生，她称呼赵尔宓为"先生"。她说有一次，自己曾把一篇耗时半年，写了两三万字的论文交给先生，几天后先生叫她到办公室，一摞厚厚的列印纸上，几乎每一排文字的后面都是一个"勾"的符号。

"这个勾，不是代表你的论文很完美，这是我做的记号而已。"先生的一席话让曾小茂后背发凉。她说，到现在那些"勾"还刻在她的脑子里，足足有两三百个。接下来先生一一为她做点评，即使是一个标点符号使用不当也会被指出来，并且先生不允许曾小茂做笔记，他讲的所有内容全部靠脑子记。

"早上到中午，我的脑子一直在高强度地记录，丝毫不敢开半点小差。"曾小茂说："当时觉得先生挺不近人情的，但后来想想这是先生为我们好，他要

1984 年，在美国华盛顿自然历史博物馆

求我们要对自己研究的领域了如指掌。"

值得一提的是，1993 年，由赵尔宓编写的全英文教材《中国两栖爬行动物学》，成为国外研究两栖爬行动物类学生的必修教材，足见先生在学术界的权威。

"父亲会英、德、日、法、俄五门外语，都是因为在科考的时候需要大量查阅国外资料而学习的，如果不是对生物学充满热情，我想他也不会为了研究去学习多门外语。"大女儿赵蕙说。

"学生对他是又爱又敬又怕，论文连标点符号的错误都要指出来，他经常说做科研就是要严谨，实事求是，语言上不能有'可能''大概'这类词语。"大女儿赵蕙说。

培养年轻人为第一作者的三本著作

赵尔宓一生总共主编专著 10 种，合作主编专著 9 种，主编论文集 14 种，主编工具书 6 种，主编图鉴 4 种，译作 5 种，其中如英文版《中国两栖爬行动物学》在世界范围内被广泛参考，并且给予了高度评价，又如《中国动物志·蛇·蜥蜴》是研究我国这两类动物的主要参考书。创办《四川动物》、《两栖爬行动物学报》、英文版《亚洲两栖爬行动物研究》(*Asiatic Herpetological Research*) 杂志 3 种。赵尔宓发表论文 140 余篇，指导研究生完成科研论文 60 余篇，培养博士和硕士研究生 47 名。

# 第三节　到世界各地进行海外交流

中华人民共和国因为有你作为她的代表而无比自豪。

——罗杰·康南特

科学不能或者不愿影响到自己民族以外，是不配称作科学的。

多年对两栖爬行动物的科研，赵尔宓在国际学术界有很高的声誉。自然而然地，他开始收到外界各方邀请，欣然踏出国门，在世界各地进行了许多很有意义的海外学术交流，同时也为国争了光。

这是一张丰富多彩、令人惊叹的行程表：1983 年，赵尔宓应邀担任世界两栖爬行动物学大会执行委员；1987 年，应美国美中学术交流委员会邀请到康乃尔大学作高级访问教授；1988 年，当选美国 Sigma Xi 自然科学荣誉学会会员（终身）；1989 年，当选美国加州科学院荣誉院士（终身）……

14 年来，赵尔宓出访 11 次，到过 22 个国家和地区。他主要去各大博物馆查看他们所收藏的中国标本，特别是新种模式标本，顺便参加学术会议。

赵尔宓代表国家第一次出国访问是在 1982 年。中国科学院根据与日本学术振兴会的学术交流协议，派他去日本两个月。接待他的单位是群马县的日本蛇族学术研究所，此外他还去了京都大学、名古屋大学、广岛大学以及蛇类研究所的冲绳支所与冲绳县公害卫生研究所。

数年来，赵尔宓参加的国际学术交流会为促进我国两栖爬行动物的发展作出了杰出贡献，其中意义最为重大的是去美国的访问。

1988 年当选美国 Sigma Xi 自然科学荣誉学会会员

1984 年，赵尔宓应美国华盛顿州立大学 Kenneth Kardong 教授的邀请，到美国 12 个州的大学、博物馆进行参观访问、野外采集，并出席了美国三大学会的联合年会，为期 3 个月。访问结束前，赵尔宓又接到欧洲方面的邀请，飞越大西洋，到瑞士、卢森堡、联邦德国与意大利等四国进行访问。

1985 年，赵尔宓率领四川省科协组织的蛇类养殖技术考察团再度奔赴日本。

1986 年，赵尔宓率领四川省科协组织的四川省青少年科学教育考察团第三次奔赴日本。

1987 年，赵尔宓再次访问美国。这次是根据中国科协与美国美中学术交流

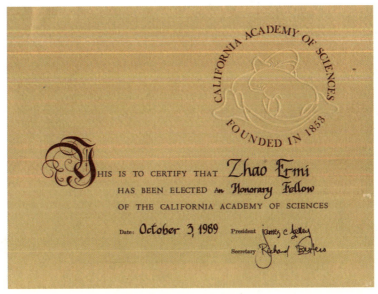

CALIFORNIA ACADEMY OF SCIENCES

FOUNDED IN 1853

THIS IS TO CERTIFY THAT Zhao Ermi HAS BEEN ELECTED An Honorary Fellow OF THE CALIFORNIA ACADEMY OF SCIENCES

Date: October 3, 1989    President: James C. Agley

Secretary: Richard Baxters

1989 年当选美国加州科学院荣誉院士（终身荣誉，上图为当选证书）

委员会（CSCPRC）的协议，每年互派 6 名学者。中国派出的学者中其中 3 名由中方指定，3 名由美方提名邀请；美方派出的 6 名也采取对等方式。

赵尔宓是由美方提名邀请，其程序很复杂。CSCPRC 由美国科学院、美国社会科学院与美国全国各学会联合会三大机构组成，提名邀请 3 名中国人，需由各机构提名初评，评上的再交 CSCPRC 综合平衡确定最后人选。

此次美国之行接待单位是著名的康乃尔大学，赵尔宓的老师秉志（满族）与刘承钊教授都是康乃尔大学的博士。

在为期 8 个月的访问期间，赵尔宓与鹰岩（K.Adler）教授开始着手编写

1984 年，受聘到美国伯克利大学做客座教授时，在 Kraig 教授家访问

英文版《中国两栖爬行动物学》一书。

此外，赵尔宓还访问了美国好几个州，包括著名的哈佛大学与麻省理工学院，并应邀到 Citlaltepetl 山采集。在那里，他亲手采到全世界仅有的两种毒蜥中的一种。

赵尔宓的妻子涂茂浀应著名质谱学专家、康乃尔大学化学系教授 McLafferty 邀请访美 3 个月，他们相会在芝加哥，然后一道参观了华盛顿市、纽约、波士顿与堪萨斯，再同返康乃尔大学工作，于 1988 年初经加州同机回国。

1988 年 7 月 25 到 8 月 5 日，赵尔宓率领一个 19 人的代表团去日本京都大学出席第二次中日两栖爬行动物学术讨论会。会后又去群马县日本蛇族学术研

1958年，在北京秉志老先生家中与秉老合影

究所参观，然后部分团员转赴冲绳出席第三次两栖爬行动物学会。

　　1986年，赵尔宓率领四川省青少年科学教育考察团访问日本。有一次登完富士山后，考察团参观山下的一所青少年活动中心。第二天一早，他们被通知到操场集合参加升旗仪式。当乐声奏起时，赵尔宓才发现五星红旗与日本国旗在两根并列的旗杆上同时缓缓升起。

　　**"那时，我们每个人的内心都异常激动。"** 每次看到五星红旗，赵尔宓就提

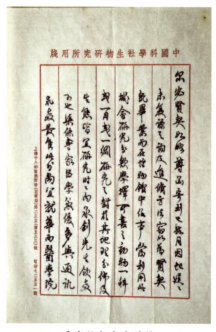

秉老给赵尔宓的信

秉老给赵尔宓的明信片

2000 年，在第四届亚洲两栖爬行动物学术交流会上发言

1984 年，参加美国两栖爬行动物学会学术大会，赵尔宓代表中国作学术报告，
得到全场长时间的掌声，图片上是他回到座位上时掌声还没停，他站起来致谢

1989年，在英国出席世界两栖爬行动物学大会首届执行委员会（后排左起三为赵尔宓）

醒自己，"代表祖国，决不能有辱使命。"

　　诸多国际学术交流中，最令赵尔宓自豪的是1989年9月那次。是年，筹备了7年之久的首届世界两栖爬行动物学大会在英国坎特伯雷市召开。会前半年，大会秘书长来信，邀请赵尔宓在会上做演讲。此次在世界范围内，只有10人受到此邀请，其他9位都是当时世界上著名的专家。对赵尔宓来讲，无论从学术水平还是英语口语表达，都是一次极为严峻的考验。

　　赵尔宓觉得，这是自己代表中国两栖爬行动物学界首次在国际学术讲坛上露面。考虑再三，他勇敢地接受了这一邀请。因为这不仅是一个荣誉，一次机

1991年，在法国首届国际龟鳖大会上作学术报告

会，也是一份责任。他在回忆录中写道："这是代表中国两栖爬行动物学界首次在国际学术讲坛上露面，我考虑再三，勇敢地接受了这一邀请，因为我没有权力代表祖国弃权！"

为了让更多的国际同行感兴趣，赵尔宓花了半年时间精心准备，选择了《东亚岛屿的两栖爬行动物地理学》这一题目。1989年9月18日的午后，赵尔宓在坎特伯雷市Marlewe大剧院作报告，在50分钟的讲演中，赵尔宓从生物组成、区系特征、特有种属、地理替代现象、扩散速度等分析比较我国台湾、海南、舟山以及日本本土和琉球群岛两栖爬行动物的分布现状，并结合古地

1989 年，在英国出席首届世界两栖爬行动物学大会，在市府花园与坎特伯雷市长（中）和肯特大学校长合影

质、古气候和这些海岛形成与演变的历史，探讨动物在这些岛屿的起源与扩散途径，论证了琉球各岛与台湾区系的相似程度的大小，琉球群岛的两栖爬行动物是经台湾沿琉球群岛岛弧由南向北扩散。

演讲结束，场内爆发出雷鸣般的掌声，赵尔宓松了一口气，缓步走下讲台。会后，认识与不认识的人，纷纷向赵尔宓祝贺。美国杰出科学家 R.F.Inger 向别人夸奖说，"母语不是英语的赵尔宓，能将英语讲得如此好，很不容易。"

《东亚岛屿的两栖爬行动物地理学》向世界首次发出了中国两栖爬行动物学界的声音，并获各方赞誉。美国 80 多岁的老科学家、蝮属蛇类专家 Roger

1989年初，在土库曼斯坦出席亚洲两栖爬行动物学大会

Conant在给他的信中写道："中华人民共和国为有你作为她的代表而无比自豪。"

赵尔宓回复道："我更为有强大的祖国而自豪！"

1989年，赵尔宓得到了英国皇家学会的资助赴英国出席首届世界两栖爬行动物学大会，会后经比利时顺访了法国、联邦德国、奥地利、捷克、波兰与苏联。

1990年，他与中国科学院成都分院刘建纪院长、杨思一处长经哈萨克斯坦访问了吉尔吉斯斯坦与乌兹别克斯坦。

1991年，他应聘为美国柏克利加州大学密勒研究院的客座教授（VMP），

1991 年，与 Wake( 美 ) 和 Darevsky 在加州野外

这一荣誉自 1956—1991 年共邀请了世界各国 56 人，其中只有赵尔宓一人来自中国。与此同时，康奈尔大学也聘请他为高级访问学者，主要与鹰岩教授修改定稿合作编写的《中国两栖爬行动物学》。第三次访美为期一年零一周左右，在此期间，还应加拿大安大略皇家博物馆邀请访问了一个月，应 LAZELL 教授邀请到加勒比英属维尔京群岛采集一个月。

　　1995 年夏，赵尔宓应法国邀请出席在该国南部召开的世界龟鳖保护大会，

1992 年，在加州大学古生物馆与美、俄专家合影

1992 年，在美国加州南部采集蜥蜴

并作学术演讲。同年秋，赴土库曼斯坦出席第二届亚洲两栖爬行动物学术大会。

14 年来，赵尔宓一共出访 11 次，到过 22 个国家和地区。通过出访，赵尔必扩大了眼界，结交了各国同行，互相交流学术思想与资料，给中国本学科的研究工作与国际接轨创造了有利条件。他也随时向国外朋友介绍中国的伟大成就，介绍本学科在中国的发展情况。

除了杰出的学术贡献以外，赵尔宓还善于将学术和生产挂钩。

他曾主动向海南抛出了"橄榄枝"，开始与海南高校合作，招收养殖专业的硕士、博士研究生，为社会输送养殖人才；他积极为养殖业提供系统的知识和理论，带动了相关产业及当地经济的发展。

同时，他很关注野生动物保护事业。除利用规模化养殖降低野生动物被捕杀的压力外，他还参与各种相关活动，撰写了大量的科普小品、随笔等，积极地宣传保护野生动物。

在毒蛇咬伤与防治问题上，他不但在著作中有详尽论述，还在实际操作中尽量降低毒蛇对人体的伤害，如成功研制了云南蛇药，首次提出"我国毒蛇咬伤的医学地理学"概念等。

可以说，赵尔宓对两栖爬行动物领域的理论研究，在生产实践中也绽放出同样璀璨的光芒。

第六章　理想照进现实

# 第一节　海南岛的科考

*"我申请做个海南人，长期在这里从事两栖爬行动物的调查研究。"*

*——赵尔宓*

除杰出的学术贡献以外，赵尔宓还善于将学术和生产相结合。早在 1964 年，赵尔宓便与海南结下了不解之缘。

海南省，简称琼，位于中国南端，北隔琼州海峡与中国广东省相望。海南是中国唯一的热带海岛省份，是中国国土面积最大（含海洋）的省份，同时也是中国海洋面积最大、陆地面积最小的省，省会为海口市。

海南地处热带北缘，西临北部湾与越南相对，东濒南海与台湾省相望，东南和南边在南海中与菲律宾、文莱和马来西亚为邻。这里属热带季风气候，素来有"天然大温室"的美称，长夏无冬，稻可三熟，菜满四季，是中国繁育种的理想基地。

海南岛四周低平，中间高耸，以五指山、鹦哥岭为隆起核心，向外围逐级下降。这里的植被生长快，植物繁多，是热带雨林、热带季雨林的原生地，而且药材资源非常丰富，素有"天然药库"之称，4000 多种物种可入药，药典收载的有 500 种，经过筛选的抗癌植物有 137 种，南药 30 多种。最著名的四大南药分别是：槟榔、益智、砂仁、巴戟。

这里的动物资源也很丰富：陆生脊椎动物有 500 多种，其中，两栖类 37 种（11 种仅见于海南，8 种列为国家特产动物），爬行类 104 种，鸟类 344 种，

2005 年，在海南岛指导学生野外采集

哺乳类 82 种（21 种为海南特有）。世界上罕见的珍贵动物有：世界四大类人猿之一的黑冠长臂猿和坡鹿、水鹿、猕猴、云豹等。动物药材和海产药材资源有鹿茸、猴膏、牛黄、穿山甲、玳瑁、海龙、海马、海蛇、琥珀、珍珠、海参、珊瑚、牡蛎、石决明、鱼翅、海龟板等近 50 种。

　　海南的海洋水产资源具有海洋渔场广、品种多、生长快和鱼汛期长等特点，是中国发展热带海洋渔业的理想之地。全省海洋渔场面积近 30 万平方千米，可供养殖的沿海滩涂面积 2.57 万公顷。海洋水产在 800 种以上，鱼类就有600 多种，主要的海洋经济鱼类达 40 多种。许多珍贵的海特产品种已在浅海养殖，可供人工养殖的浅海滩涂约 2.5 万公顷，养殖的经济价值较高的鱼、虾、贝、藻类等达 20 多种。海南岛的淡水鱼（不包括溯河性的鱼）有 15 科 57 属 72 种。

海南闪鳞蛇　侯勉 摄

　　赵尔宓说："海南过去与大陆相连，后来断裂与大陆分开，在其漫长的进化过程中，很多与大陆两栖爬行动物有亲缘关系的物种独立进化，慢慢进化成新种，比如海南闪鳞蛇就是一个典型的例子。"

　　基于海南两栖爬行动物资源的丰富性，他曾在海南师范大学做了 3 年兼职教授。他还曾在导师刘承钊的带领下，到海南开展了近 8 个月的两栖爬行动物调查，先后到过五指山、吊罗山、鹦哥岭、尖峰岭、三亚落笔洞等地，还在海南发现了许多两栖爬行动物新种，比如海南闪鳞蛇、粉链蛇、海南颈槽蛇等。

　　闪鳞蛇，也叫日光蛇或珠光地蛇，因当其沿地面蠕动时，鳞片上闪闪地发出钢青、鲜绿、血红、紫铜等艳丽的珍珠样反光，故得此名。闪鳞蛇是一种比较原始而又种属很单一的蛇类，在洞穴生活，常隐蔽在土壤、砾石或大木之下，

粉链蛇　侯勉 摄

只有在追捕鼠类、蛙类、小鸟时才偶尔来到地面。

粉链蛇为中国特有种，分布于海南省海南岛上。背面黑褐色，躯尾有粉红色横纹，颈背有一粉红色倒"V"形斑。该蛇常栖息于山麓平原、河流溪边或稻田附近。白天匿居树洞中，傍晚外出活动。喜冷怕热，气温过热会躲藏在水中降温。性情凶猛，在雨夜非常活跃，常以蛙为食物。和闪鳞蛇一样，该蛇已列入 2000 年 8 月 1 日发布的《国家保护的有益的或者有重要经济、科学研究价值的陆生野生动物名录》中。

2008 年，赵尔宓应海南师范大学邀请参加研究生论文答辩，并给海南师范大学子作学术报告。他还与海南大学张立岭教授和在此学习的内蒙古农业大学研究生赵静进行了交流。

海南颈槽蛇　赵蕙　摄

2008年10月18—19日，赵尔宓在召开的中国两栖爬行动物繁育与保护学术研讨会上进一步表示，"我申请做个海南人，长期在这里从事两栖爬行动物的调查研究。"

海南由于地处热带，加上岛屿长期独立进化的地缘特征，海南两栖爬行动物资源分布极为丰富、广泛，并且很多是海南特有种。早在20世纪初，海南丰富的两栖爬行动物资源就为国内外专家所关注，并且国内许多两栖爬行动物的模式标本也采集自海南。

# 第二节　亟须重视的野生两栖爬行动物保护

*我们必须与其他生物共同分享我们的地球。*

——蕾切尔·卡森

　　近百年来，伴随全球经济的迅猛发展、人类开发活动的毫不节制，生态环境开始持续恶化：森林逐渐消失、草原悄悄退化、气候变化异常……这不但造成一系列危害人类健康和未来的问题，还让生物多样性保护问题变得日益尖锐和突出，不但野生动植物栖息地因环境污染而遭到破坏甚至丧失，野生动物本身也遭到了人们的乱捕滥杀。如今，大量物种正以惊人的速度濒临灭绝，其中两栖爬行动物更是当今世界上生存形势最为严峻的动物类群。

　　如何有效保护包括两栖爬行动物在内的各种野生动物以及他们的栖息地，已经成为人类眼前一个刻不容缓的任务。为了解决这一问题，人们发明了许多新的、富于创造性的方法，人工养殖就是其中一例。

　　数年的野外考察生涯与学术研究，让赵尔宓形成了一个鲜明的观点："人工养殖规模的扩大，并不等于另一些人会收手不抓野外的蛇，因为养殖尚且需要成本，而野外捕捉是不需要成本的，只要有利可图就有人抓。"

　　尽管通过人工养殖可以提高物种的数量和质量，相对减轻对捕获野生动物的压力，但依旧不能够杜绝野生动物受到伤害。因此，他认为："我国一方面需要扩大养殖规模，充分供应市场；另一方面需要加大打击力度，重罚重惩，让试图违法者不敢轻易抓，抓了也卖不掉。这样才能实现保护目的。"

对于蟒蛇自然保护区的选择，赵尔宓认为海南本身就非常合适。

他分析说，一是因为海南的地理、气候条件非常适合蟒蛇生殖繁衍，尤其是中部山区，因为生态多样性丰富，生态环境良好，因此在这里建设蟒蛇自然保护区，具有我国其他地区所无法比拟的条件。二是因为海南山区多，山区市县人口少，受外界干扰少，建设蟒蛇自然保护区，对自然环境的破坏和影响小。

对野生动物的保护思想并不是 2008 年才得到赵尔宓如此重视的。早在 20 多年前，他就曾写过一篇文章。文章的最后一段是这样写的："大自然本来就是一个和谐的整体，彼此制约，相互依存。不管缺少谁，这幕宏伟的戏剧都无法开场。人类自信是万物之灵，要懂得每一个角色的作用，才能把这一出戏导演得有声有色、亦庄亦谐。人类啊，你可要仔细思量。"

这篇文章就像一首抒情诗，又像一曲咏叹调，以生动的语言和普通人易于理解的事例，向人们讲述着自然界动植物和人类之间相互依存和相互制约的辩证关系，说明保护野生动植物就是保护人类自己的道理。

发自作者心底深处的娓娓诉说，必然会引起读者内心的共鸣。后来，这篇文章被国内外许多报刊转载，并翻译成各种语言收入《智慧的火花》(*BRILAS SAGO*)，获全国晚报科学小品征文奖。

几十年来，赵尔宓在完成本身的研究之余，总是笔耕不辍，为保护野生动物撰写大量的科普小品、随笔等，积极宣传保护野生动物。

20世纪80年代中期，根据四川大熊猫产区竹子大面积开花枯死，严重地影响了大熊猫的生存，各地涌现出许多抢救大熊猫的动人事例，赵尔宓便撰写了题为《大熊猫牵动亿万人心》的文章，热情歌颂了这一感人的历史事件，为抢救国宝行动的持续开展和推向高潮起到了一定的作用。

为了宣传保护野生动物植物，赵尔宓还先后撰写了《小草的自述》《蛇，人类的朋友》等多篇科普小品。

在《中华人民共和国野生动物保护法》颁布实施十周年之际，赵尔宓又应邀为《地理知识》《生物学通报》和《大自然》等刊物撰写了多篇与野生动物保护有关的文章。

在宣传保护野生动植物的工作中，赵尔宓特别注意对青少年保护意识的培养。多年来，凡是请他去给中小学生做有关演讲，他再忙也乐意挤出时间参加。他以生动、幽默和通俗的语言，深入浅出地向广大青少年宣传保护野生动植物的意义和知识，深受中小学生的欢迎。

他曾应邀为《中小学生生物科技活动指导丛书》题词："养蛙护蛇，发展经济，维护自然生态平衡"，还曾为《动物与保护》文集题词："宣传保护野生动物，维护生物多样性，维护自然生态平衡，造福子孙万代。"

当赵尔宓被聘为《中华人民共和国濒危动物红皮书》中、英文版副主编兼任该书两栖爬行动物卷主编后，积极地组织和参与完成《中华人民共和国濒危动物红皮书》的编撰和翻译工作。

除通过出版物唤起人们的保护意识以外，赵尔宓还热心参与相关各项社会活动。他曾连续两届被选为四川省野生动物保护协会副会长，1991年起连续三届被世界自然保护联盟 (IUCN) 物种生存委员会 (SSC) 聘为中国两栖爬行动物专家组 (CRASG) 主席。

在担任这些社会职务后，他积极参加各项会议和组织，曾深入到四川的唐家河自然保护区、王朗自然保护区、卧龙自然保护区、攀枝花苏铁自然保护区、洪雅瓦屋山国家森林公园以及湖南的莽山自然保护区、新疆的霍城四爪陆龟自然保护区、新疆温泉县新疆北鲵自然保护区等进行检查和考察，指导那里的动物保护工作。他经常向世界自然保护联盟撰文介绍我国野生两栖爬行动物保护工作进展情况，在推动我国的野生动物保护事业和让世界了解我国的野生动物保护工作方面，起到了积极作用。

"蛇博士"陈远辉与莽山烙铁头

　　对于社会各界动物保护人士，赵尔宓也是有忙必帮，鼎力支持。1994 年 9 月 24 日，当"蛇博士"陈远辉的蛇类保护事业遭到阻碍时，赵尔宓院士来信说："感谢您为保护莽山烙铁头蛇所作的努力，我听说又有蛇被非法捕捉宰杀，也非常着急，所以应您的要求连夜写了一份四页的'意见'，希望它能有助于您的呼吁。"

　　2007 年，年近古稀的赵尔宓来到惠州海龟保护区考察，并将得意门生夏博士推荐到这里学习。他说："虽然我已是 77 岁高龄，但我打算过了 80 岁再退休。我还要带出更多的学生，将更多的人才推荐到这里，为海龟保护及科研事业作出贡献。"

　　海龟保护是一项任重而道远的工程。海龟，是地球上最引人注目的大型爬行动物之一。它们是 CITES 附录一物种，是国家二级保护动物，但是对于它们的保护行动却始终鲜有进展。

　　目前世界上现存海龟仅有 2 科 6 属 7 种，分别是海龟科（Cheloniidae）的赤蠵（xī）龟（Caretta caretta）、绿蠵龟（Chelonia mydas）、肯氏丽龟（Lepidochelys kempii）、太平洋丽龟（Lepidochelys olivacea）、玳瑁（Eretmochelys imbricata）、平背龟（Natator depressus）和棱皮龟科（Dermochelyidae）的棱皮龟（Dermochelys coriacea），这些海龟主要分布在太平洋、大西洋和印度洋海域。除了肯氏丽龟和平背龟外，余下的 2 科 5 属 5 种在我国均有分布。

　　海龟是高度洄游的海洋动物，即洄游于它们的出生地和觅食地之间当中覆盖广阔的海域。海龟每年需要旅行几千公里，穿越国界，在这些海域中有很多事情足以对它们的生命造成威胁，诸如渔业捕捞、海龟卵挖掘、产卵地破坏、海洋污染、气候变化等。这些威胁当中，渔业捕捞是最为严重的，它是全球海龟数量骤减的主要原因。由于人类的误捕滥杀，对海龟卵的挖掘、沙滩的开发建设以及旅游业带来的污染，使得海龟的生存受到极大的威胁，种群数量逐年减少，处于濒临灭绝的境地。

美国佛罗里达州奥兰多市海洋馆的海龟　傅佳妮 摄

　　海龟的存在对海洋生物多样性起着重要的作用，是一个生物多样性的体系。动植物从濒危到消失，绝大多数都与人类有着密不可分的关系：它们有的是因为栖息地和家园被人类的开发和活动破坏了，有的是因为人类为了自身利益，对它们恶意地进行大肆捕杀。地球表层是由动物、植物、微生物等所有有生命的物种和它们赖以生存的环境组成的一个巨大的生物圈，人类也是其中一员，地球生态系统远比想象中的更脆弱，当它损害到一定程度时，就会导致人类赖以生存的体系崩溃。如果我们吸取教训并开始改变行为，我们还有时间来拯救濒临灭绝的海龟。中国海龟保育面临的另一个严重的问题是：对海龟了解太少了。只有加强对海龟的生态研究和对海龟的保育宣传，才是拯救灭绝中的海龟族群的重中之重。

赵尔宓认为，要宣传保护野生动物，首先是向孩子们普及科学知识，让孩子们回家劝阻父母。他挤出时间给参观的孩子们当义务讲解员，为此头天就安排讲解顺序，恨不得把馆内的动物都介绍个遍。"自然界生物形成的生物链，人类应该尽量保护，担当起维护自然平衡的重任！"

# 第三节 普及毒蛇的咬伤与防治

聪明的冒险是人类谨慎中最值得赞誉的一部分。

——哈利法克斯

毒蛇咬人造成蛇伤，轻者中毒，重者死亡。毒蛇有害，人人皆知，故形成谈蛇色变、见蛇就打的局面。然而，人借助于科学，就可纠正自然界的缺陷。

在赵尔宓眼中，蛇是非常可爱、有趣的动物。它不主动咬人，在其感受到威胁，不得已时才会自卫反击。在《赵尔宓选集（下卷）》中《怎样区别有毒蛇和无毒蛇》一文中，他写道："实际上，毒蛇只占蛇类一小部分，全世界约有2500种蛇，毒蛇仅占1/5左右。"他还指出，许多蛇吃各类害虫、害兽，对人类有益，因此不必对所有蛇都感到恐惧和厌恶。

世界上的毒蛇大约有650种，其中我国就有47种毒蛇。

通过赵尔宓的《怎样区别有毒蛇和无毒蛇》这篇论文，人们会发现自己对毒蛇与无毒蛇区别的认知存有三大误区：

其一，并非所有毒蛇的头都是三角形，有的毒蛇的头是椭圆形，五步蛇、唤蛇、烙铁头、竹叶青、蝰蛇等毒蛇的头部是三角形的，但也有一些很厉害的毒蛇，像金环蛇、银环蛇及各种海蛇的头，却和无毒蛇的头差不多。在无毒蛇中也有少数头部呈三角形的，例如颈棱蛇，因为它很像蝮蛇，所以人们叫它假蝮蛇。

其二，用颜色鲜艳与否来区别毒蛇与无毒蛇也是极不可靠的，因为多种剧

翠青蛇　赵蕙　摄

美女蛇——玉斑锦蛇　赵蕙　摄

双斑锦蛇　赵蕙 摄

紫沙蛇　赵蕙 摄

金环蛇　赵蕙　摄

银环蛇　赵蕙　摄

毒蛇如眼镜王蛇、银环蛇、蝮蛇等颜色并不鲜艳。

其三，用尾短来区分毒蛇也不完全可靠，有的毒蛇的尾巴甚至比大多数无毒蛇还要细长。

其实，毒蛇和无毒蛇最根本的不同要看它有没有毒牙，有毒牙的肯定是毒蛇。毒牙有两种：一种是沟牙，牙上有一条联通毒液的沟，这种牙有的生在上颚骨的前部，嘴张开来就能看见，叫作前沟牙。具有前沟牙的毒蛇通常毒性较大，例如眼镜蛇、金环蛇、银环蛇、各种海蛇等。有的沟牙生在上颚骨的后部，叫作后沟牙，例如泥蛇、水泡蛇等，具有这种毒牙的毒蛇，毒性比较小，人被咬了，一般不会死亡。另一种毒牙是管牙，是一对稍稍弯曲的长牙，尖端很细，像绣花针的头，牙的中间是空的，就像管子一样，所以叫管牙。管牙的基部和毒腺的导管相通，这和沟牙是相通的，咬人的时候，毒腺外面的肌肉一收缩，就把里面的毒液压入毒牙的管道，注射到人的身体里去，毒液随着血液散布到人的全身就会使人中毒。蝮蛇、五步蛇、竹叶青和烙铁头的毒牙都是管牙。因此被蛇咬伤的时候，可以根据牙痕来分辨咬的是毒蛇还是无毒蛇，如果是毒蛇，一定有一对或一个毒牙的牙痕，而无毒蛇咬的只有两行细小的牙痕。假如被毒蛇咬了是很危险的，咬伤的部位会很快会出现剧烈的疼痛和肿胀，有的还会感

1976—1977 年，在新疆西部天山驻点研究草原蛇害

到头晕、出冷汗、呼吸困难等。被各种海蛇、金环蛇和银环蛇等毒蛇咬伤时，通常在几个小时后才出现症状，危险性非常大。

为了帮助人们正确地区分这两类蛇，赵尔宓用大量例子、图形以及浅显易懂的语言对其进行了对比和辨别："无毒蛇感觉到人靠近时，它会'嗖'地溜走，比人反应还快。毒蛇仗着自己有毒，会有恃无恐，如眼镜蛇会把头立起来，处于戒备状态，一般不动。"赵尔宓解释道，毒蛇有属于自己的安全范围，只要不越界，绕着它走，人就不会被攻击。

1997 年，应邀在首届毒蛇与蛇伤防治学术会上作学术报告

多年来，赵尔宓不但致力于蛇类养殖和蛇类保护事业，也非常关注毒蛇的咬伤与防治。他不但在著作中详尽地论述如何辨知各类毒蛇，还在实际操作中尽量降低毒蛇对人类的伤害。

例如，1969 年根据中国科学院下达的国防任务，赵尔宓参加云南毒蛇危害调查，进行动物实验中毒药物保护作用的筛选，期望能制作出效果最佳的蛇药。终于，在与云南动物所同事的密切合作下，经过 108 次配方、数百次实验，他们终于在 1970 年成功研制了"云南蛇药"。云南蛇药有解毒镇痛、利尿消肿、

2004 年，参加第二届世界毒蛇与蛇伤防治会

止血、散瘀的神奇疗效，常用于毒蛇咬伤，毒蜂、蝎子、蜈蚣等蜇伤。该药于1978 年获全国科学大会奖。

1976 年，经常去新疆考察的赵尔宓还根据自己的实际经验，提出了新疆西部草原毒蛇危害的生态防治措施。

赵尔宓在毒蛇咬伤与防治领域的另一重要贡献是：在了解各地蛇伤情况、野外调查蛇类分布及与临床医生的接触中，1992 年，他首次提出"我国毒蛇咬伤的医学地理学"概念。

我国地跨动物地理分布的古北与东洋两大界，两界在西部的分界线为喜马拉雅山—横断山脉—秦岭一线，但在东部则众说纷纭。或为长江，或为淮河，或为南岭，迄今未定论。

根据对毒蛇分布的研究，赵尔宓提出，它可能不是一条有形的界限，而是一条受气象综合因素——等温线、降水量、季风、无霜期长短等制约的无形界

2006 年，在马来西亚蛇伤会上作学术报告　赵蕙 摄

限。就毒蛇来讲，这条线大致在北纬 31° 左右。

根据蛇伤的危害程度，赵尔宓将中国分为五个区域，包括北纬 26° 左右以南的严重蛇害区、东南一带的中度蛇害区，四川省在内的轻度蛇害区，北纬 31° 左右以北的广大蛇害偶发区。

对各区毒蛇及咬伤情况加以分析，可以帮助人们在蛇伤临床及防治时进行参考。

大半生帮助人们避免毒蛇伤害的赵尔宓，谈起自己研究时需要直面的危险性时笑着说："我特别胆小，所以从未被蛇咬到。"

正是这种实际操作中的谨慎和内心真正的勇气的结合，才令赵尔宓一步步成为一位令人敬佩的蛇类研究大师。

"永远爱你们的尔宓"是赵尔宓先生在自己的遗言中的最后一句话。

或许在文学表达中，下面的话有些陈词滥调，但对赵尔宓来说，人生确实是扎扎实实地由无数个感动构成的。谆谆教诲过自己的老师、默默支持自己的家人、优秀忠诚的同事……都让他崇敬、感激。对自己的恩师刘承钊、爱妻涂茂浤，他尤其刻骨铭心，在许多场合中无意间表达出来。赵尔宓屡屡提到，没有这些人，就不会有自己的今天。

或许是常年在大自然中生活，赵尔宓深知：草木会为了感激春的到来而吐露新芽，鲜花会为了感激夏的到来竞相开放，硕果会为了感激秋的到来挂满枝头，雪花会为了感激冬的到来把大地母亲银装素裹……自然界尚且如此感恩，人更应该具有感恩之心。或许正因人世间的浓浓爱意、自然界的鸟语花香，赵尔宓也总是充满温情，且乐意将自己的幸运馈赠给他人。

尽管研究的是不会说话的冷血动物，但他的性情却像艳阳天一样温暖，处处撒满阳光灿烂；他的心态就如少年郎一般活泼乐观，总是充满希望地计划着明天；他的品格则像蔚蓝大海，无拘无束、海纳百川、乐于奉献。

在与赵尔宓的接触中，我发现"乐观"与"感恩"在他的人生中已不是一种姿态，而是一种常态。长年累月的生活中，这种心态对人对己都犹如口渴时喝的一杯绿茶，甘甜解渴，清香沁肺。

2016 年 12 月 24 日，享年 87 岁的赵尔宓先生在平静安详中与世长辞。或许，他的幸福与长寿也源自于灵魂的健康。毕竟，对心存阳光的人来说，整个世界都是光明的，还有什么黑暗敢凌驾其上呢？

# 第一节　恩师

借得大江千斛水，研为翰墨颂师恩。

——现代诗歌　佚名

不管一个人取得多么值得骄傲的成绩，都应该饮水思源，应该记住是自己的老师为他们的成长播下了最初的种子。

赵尔宓非常尊敬自己的老师，对他们抱有极为真挚的情感。

回顾赵尔宓的人生，对他影响至深的老师有许多。他们严谨的治学态度和丰富的学识给赵尔宓留下了深刻印象。其中，引领赵尔宓走上热爱生物学之路和两栖爬行动物研究之路的郑实夫与刘承钊起了重要作用。

郑实夫是赵尔宓在中学时期的生物老师。他上课时的语言深入浅出，庄谐并重，别具一格。他常常一边讲解，一边比画，将孩子们从来没有见过的海洋动物也讲得活灵活现、栩栩如生。

年少的赵尔宓深受感染，想象着大自然广袤的天地中，有小鸟在天上飞翔，有骏马在草原上奔驰，有鱼儿在水里游弋。就这样，他与动物研究结下了不解之缘。

记得第一次采访时，赵尔宓回忆起郑实夫仍旧很激动。他比手画脚地学起郑老师讲解时的样子，眼睛里闪着学生特有的天真。

在赵尔宓的中学时代，除郑实夫老师以外，还有许多老师令他难忘。他记得母校树德中学各科老师实力都很强，他的授业老师中，如代数徐庶聪、三角与解析几何杨俊明、物理刘瀛臣、化学周守谦和高华寿、中国史罗孟帧、文学史庞石帚等，都是学识渊博、教学方法好的老师，"所以50多年后的今天，我对他们的音容笑貌都记忆犹新。"他说。

由于课讲得好，学生就以所教课程称呼老师，如杨三角、肖几何、徐代数等。国文都讲古文，教材以《经史百家杂钞》为主，也可参考《古文辞类纂》。庞石帚老师讲的文学史是赵尔宓最感兴趣的课程，他后来的中文写作功底和对文学的兴趣都得力于中学的基础。

赵尔宓就读的中学叫成都树德中学，是由时任国民革命军第二十九军副军长孙震于1929年创办的。1944年，《大公报》发表武汉大学教授杨人梗的文章说："成都树德中学是全国四所办得最好的私立中学。"1951年，成都私立甫澄中学并入树德中学。1952年，人民政府接管私立树德中学，更名为四川省成都市第九中学校。1989年，学校举行校庆60周年，成都九中再次更名为成都树德中学。目前该中学是四川省首批"省级重点中学"、首批"国家级示范性普通高中"，为北京大学和清华大学中学校长实名制推荐学校、四川省首批探索拔尖人创新人才培养试点学校。赵尔宓记得："树德中学是男女分校，当时男生部有两个学术团体，一是树光学会，一是弘毅学会。学会的活动之一是出墙报，其设计讲究，内容丰富。许多同学都能写诗词，有的书法也很好。"

赵尔宓的大学老师——刘承钊（1900 年 9 月 30 日—1976 年 4 月 9 日）是我国著名的动物学家，也是我国两栖爬行动物学的主要奠基人。他从 20 世纪 30 年代末开始从事两栖爬行动物研究，并于 1951 年担任华西大学校长，为我国医学教育的发展作出重要贡献。

刘承钊的早期研究工作着重于两栖动物的繁殖生物学与性行为的观察研究。中华人民共和国成立后，在西南进行大规模的调查，刘承钊先后又发表了五篇论文，介绍大花角蟾（1960），大短齿蟾、峨眉短齿蟾、金顶短齿蟾（1960），南江角蟾（1966），棘指角蟾、雷山髭蟾（1973），凉北齿蟾、普雄齿蟾与圆疣齿突蟾（1979），总计共发表角蟾亚科 21 个新种及 2 个新属。

不仅如此，更重要的是，他对角蟾亚科许多种的形态、生活史做了大量的观察与详尽的描述，尤其是对本类群的分布、起源与演化提出了自己独创的见解。经过多年的野外实践与资料的积累，刘承钊产生撰写第三部专著——关于角蟾亚科的研究的想法。1964 年，在北京召开的中国动物学会 30 周年学术讨论会上，刘承钊提出的《中国角蟾亚科的分类探讨》的报告中表达了他的初步构思，其中特别注意到，蝌蚪口部形态与属间及属下分类的关系，并提出建立新属（掌突蟾属）的设想。同时，又一次强调"从种数及其分布范围而论，角蟾亚科的分布中心是在横断山脉地区"。在 1973 年广州举行的中国动物志、中国植物志、中国孢子植物志的会议上，刘承钊宣读了《髭蟾属 Vibrissaphora 和种的初步探讨，及其与分类学有关问题的讨论》一文。虽然他没能完成撰写角蟾亚科专著的计划，但他积累的资料与提出的构思无疑给后来学者提供了方便。

在《赵尔宓选集》中有《深切怀恋刘承钊老师》一文，其中在与刘承钊的合影中，赵尔宓说："刘老师是我最尊敬的人。他改变了我的一生。"

在赵尔宓的心里，刘承钊不但是卓越的科学家，也是优秀的教育家。他不但教学效果好，对学生要求亦非常严格。赵尔宓曾在阶梯教室听刘老师为生物系及医牙预科学生讲授"脊椎动物比较解剖学"课程。他非常认真负责，总是提前到校做准备，上课钟声未响完他已走入教室，随即把教室两侧门关上，迟到的学生不敢推门进来。学生们既怕他，又敬他，从此再也没有人敢迟到。

刘承钊讲课条理清晰，启发性强，听后莫不受益匪浅。为了给祖国两栖爬行动物学开创出新的局面。他培养后辈不遗余力，希望青出于蓝而胜于蓝。

对本系学生，刘承钊更是倾注全部精力，耐心培养。他非常重视培养学生

华西大学（现四川大学）钟楼北面　赵蕙 摄

的野外考察能力。单是 1948 年，他就两次带着赵尔宓等学生到彭州的白水河和九峰山采集标本。当时社会动荡，这种情况下除了认真教书以外，野外调查是一种近乎"奢侈"与"理想化"的行为，但刘先生不但坚持利用所有可能的机会就近调查，还用自己的工资来做采集经费。

他们租人力车拉行李，刘先生陪同学生全程步行。这便是赵尔宓一生中漫长的野外作业的开始。

在白水河，刘先生安排赵尔宓拿网兜捕昆虫，安排其他同学逮青蛙等。

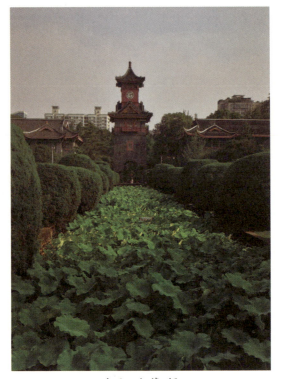

南面　赵蕙 摄

　　"我看见大家捉青蛙、采蜥蛇，兴趣盎然，而我一个人尽抓些小虫子，便觉得很受冷落，老是想换过来。"赵尔宓说，"1956 年，大学教师开始搞科研，刘老师要我跟随学识渊博的徐福均教授研究胚胎学，在徐教授的指导下又工作了三年，得到不少教益。从 1962 年起，我才从事两栖爬行动物研究。现在回想起来，刘老师对我是有一套培养计划的，可惜最初我不十分理解，没能坚持按他的要求去做。"

刘承钊教授与施密特博士夫妇（1946年11月，美国）

刘承钊老师野外采集工作一直持续到1973年，这时他已73岁高龄，这对赵尔宓影响至深。他继承了老师的毅力和踏实作风，不怕苦，不怕累，一直坚持野外采集，直到76岁。

刘承钊曾签名送给赵尔宓《比较解剖学》这本书，他几乎每年都要读一遍。在刘老师的教导下，"严谨"两个字深深地烙在赵尔宓心里。他相信，知识来源于理论与实践相结合，必须充分掌握事实依据，才能作结论、写文章，这样才经得起后来的检验，否则迟早会被否定。

1976年4月初，赵尔宓刚从昆明开会回来，就听说刘老师因心肌梗死入院抢救。他曾去医院看过几次，都因抢救需要，只能在病房外远远望着他。他心

1987 年，在广州合影（右一刘承钊，左一赵尔宓）

中默默为他祈祷，但噩耗还是来了。在向老师遗体告别时，他才得以最后一次端详他的面容，泪水模糊了他的双眼⋯⋯

2014 年 12 月 1 日，全国最大的两栖爬行动物科普馆在中国科学院成都生物研究所开馆。赵尔宓来到现场，科普馆的成立使他回忆起恩师刘承钊。标本馆收藏的 10 万余个两栖爬行动物标本都是由刘承钊和他的学生们历经艰辛采集得来的，并进行了充实完善。该馆还集中展示了成都生物所其余历代科学家收集的珍贵的标本、图片、文字手稿和相关音像资料，凝聚了我国几代科学家智慧的结晶，以传播科学知识、启迪大众智慧、弘扬科学精神为目标，通过传播两栖爬行动物学相关知识，让人们了解这些动物，关心这些动物的生存现状，最终达到保护动物的目的。该馆的动物标本馆是亚洲爬行类模式标本保藏量第二大的标本馆，也是国家、四川省和成都市的青少年科技教育基地，拥有两栖爬行动物标本近 10 万号，其中两栖类标本占全国已知种类的 90%，爬行类标本占全国已知种类的 85%。除平面展示材料外，该管还展示了实体标本，并借助触摸屏、数字显微镜、数字解剖镜、数字投影仪等高科技产品，以及人工制作的仿真生境，从宏观到微观、从静态到动态、从无声到有声较全面地展示了两栖爬行动物的进化历程、形态结构与功能特征、生态和行为学特点、生物多样性等，为来访者提供了一个多角度了解和认识两栖爬行动物相关知识的理想平台，为我国的野生动物保护起到了很好的宣传教育作用。

# 第二节　爱妻

我想要告诉她：如果有下辈子，我还要和你做夫妻！

——赵尔宓

　　爱情是一本永恒的书，有人只是信手拈来，浏览过几个片段。有人却是流连忘返，为它洒下热泪斑斑。

　　让赵尔宓崇拜的，除了刘承钊，还有他的妻子——涂茂浰。正是有这位善解人意的妻子，50 多年来一直默默支持着他，赵尔宓才能专心科研。

　　涂茂浰和赵尔宓都毕业于树德中学，曾同校 6 年。但那时学校分为男生部和女生部，两个人并不认识。低赵尔宓一届的涂茂浰，考上了华西协和大学药学系。两个人在树德中学的一次同学聚会时相识。

　　"后来学校组织文艺活动，我们又常常在学校音乐礼堂里相遇。但是那时候男女生需要分区域，离开时也要从左、右不同的两个大门离开。所以我只能远远望着她。

　　我被她的单纯、淳朴深深吸引住了，于是就想找机会和她说话。"

　　凑巧，与涂茂浰同班的一个女孩子就和赵尔宓住同一条巷子里，她俩是好朋友。星期天，赵尔宓从家里回学校时，就先到这个女孩子家里去，把这个女孩子约出来一起走路，借此机会接近涂茂浰。

　　渐渐地，他们三个都成了好朋友，常常在一起复习功课。涂茂浰数学特别好，平时，赵尔宓就向她请教一些数学难题。时间长了，涂茂浰也领会到他的

2003 年，赵尔宓与涂茂浻金婚之日在成都熊猫基地留念，这张照片赵尔宓走到哪里摆到哪里

吕顺清 摄

心意。

"可是女孩子矜持嘛。当她知道我可能有点喜欢她后，反而不大理我了。"赵尔宓顿了顿，有点不好意思地说，"所以就只剩下我和那个女孩子一起走路了。这时，我突然发现这个女孩子也有点喜欢我。"

1953 年，赵尔宓与涂茂浏的结婚照

"老实讲，她长得还比我老伴漂亮一点。但不知道为什么，我就是对我老伴有好感。我老伴当年排球打得很好，经常参加比赛。跑步也很快，是学校长跑队员，业务也很不错，所以我就喜欢我老伴。"

年轻时赵尔宓长得一表人才、玉树临风，因此每次系里上大课时，周围女生都像鲜花一样围绕着他坐。但当赵尔宓确定喜欢涂茂浏后，便明确宣布了自己的心意，周围的女生就都散去了。

涂茂浏渐渐被赵尔宓的心意打动，终于和他走近了。

然而，那个年代的年轻人没有现在这么开放——"喜欢你"这句话是不会轻易说出口的，只能很含蓄地表达。

时光飞逝，转眼到了 1951 年，赵尔宓和所有毕业生一同到重庆接受为期一个月的毕业分配学习。学习结束后，他被分配到东北区的哈尔滨医科大学任助教。当时的赵尔宓和所有毕业生一样，出发前不允许回家，必须直接从重庆

20世纪70年代，与涂茂洌在杭州

赶往各自分派的地区。

"这一走，不知道多少年。这是最后一次机会，我必须把心意向她表达清楚。"通过电话，赵尔宓向涂茂洌表达了希望在路过绵阳时与其见面的想法。

"让我感动的是，她真的来了，我妹妹陪着她一起来的。"这次见面，可以算是两人爱情长跑中最浪漫痴狂的一次。

赶往东北区的大卡车进入绵阳当晚，赵尔宓向带队领导请了假，来到事先约好的地点。见面后，两个人只是深深凝视着对方，嘴里反复叮嘱着："保重身体，记得常来信！"

异地通信近两年后，两人终于确定恋爱关系。那时，所有分配到东北的大学生都集体行动，直接从重庆乘车去东北。为了见上一面，涂茂洌专程从成都

1965 年，全家摄于华西大学光明路宿舍前

到绵阳等待赵尔宓。

"那时，从成都到绵阳要坐一天的汽车。路很烂，车子又孬，经常抛锚，茂浏跟其他乘客一起不断地下来，踩着稀泥巴推车。"说到涂茂浏，赵尔宓不禁潸然泪下。

1953 年，赵尔宓请了半个月的婚假回到成都，于 8 月 9 日与涂茂浏举行了婚礼。

1954 年 5 月，在机缘巧合以及刘承钊的帮助下，赵尔宓也被调回成都，两个人从此再不分离。

有人说，美满婚姻就像一笔丰厚得难以置信的退休金。盛年时你将一切所得放入其中，经过积年累月，它便会从白银变成黄金，再从黄金变成白金。用

2002 年，与家人在海南岛三亚兴隆热带植物园

这个比喻来形容赵尔宓与涂茂浏的婚姻再适合不过了。

1955 年，他们的大女儿出生了。1956 年底，又有一对双胞胎女儿出生。

赵尔宓很爱她们。他常常喜悦地说："我没有一点重男轻女的思想。我三个女儿都很有出息！"

他还说起当年与老伴调侃的话，"第一胎一个，第二胎双胞胎两个，按这个等比级数下去，第三胎应该是四个，第四胎就应该是八个了，我们哪有精力和经济条件养得起、教育得好呢！"在这个问题上，他们夫妇俩的想法是完全一致的。因此，他们共同决定不再要孩子。

2006年1月30日，在家庆贺赵尔宓76岁生日，这成为与涂茂浰的最后一次合影

　　由于工作需要，赵尔宓每年至少有半年时间都在野外考察，待在家里的时间太少，照顾孩子的重担几乎全落在爱人涂茂浰身上。

　　她不但要管教三个女儿，辅导她们学习、做家务，还要备课、搞科研、指导学生毕业论文、培养研究生。

　　能干的涂茂浰照顾家庭之余，还从华西大学助教一直做到教授，在中草药研究上颇有建树。赵尔宓在工作中遇到什么问题也会征求她的意见，写了文章也请她过目修改，工作忙不过来，经常找她帮忙。

　　因此，赵尔宓说："我很崇拜她。我有成绩，她的功劳应占一半。"

　　只要到野外，赵尔宓和妻子就通过书信保持着联系。即便没时间，他也会短短写几句话寄回去。就这样，涂茂浰一直默默地支持着赵尔宓的科研工作。

1996 年，与涂茂洌在成都大熊猫基地

　　这样的日子过久了，赵尔宓先生有时候也会感到不好意思，想要为妻子分担一些。有一次他便自告奋勇地骑自行车去买米，但这位可爱的老先生虽然熟透了蛇蛙世界，对人间事却知之甚少。他到市场上一眼就看到了各种包装甚好的大米，琳琅满目，花花绿绿，大为开心，便一口气买了两袋，平放在自行车后架上，飞速骑回去。这很容易嘛，他高兴地想。谁知快到家门口时，有人招呼他，他一走神，米袋下滑连带自行车一倒，当场就造成了他的髋关节骨折。

　　因腿脚不方便，动辄要人搀扶，更拖累了老妻。他从不说自身的疼与痛，心里则一直后悔不已："我去买米，本想为涂茂洌分担一点家务事，没想到反而给她添了乱。"

　　晚年时，妻子患上高血压，病情越来越严重。赵尔宓每天清晨 7 点就开始为她做早餐，等到她睡眠时间足够了，才轻声把她叫醒。

在他们度过金婚大喜之日后三年，2006 年 3 月 9 日清晨，老伴从洗手间出来后，躺在床上气若游丝。"我以为她嗓子不舒服，还轻轻地拍她的背……"他记得，"我还吻了一下她的额头，对她说：'时间还早，再睡一会儿。'"

这时，他发现老伴的头突然无力地倒向一边，眼睛也失去了最后一丝光彩。急忙拨打 120，赵尔宓抱着老伴，嘴里不停地讲道："涮子，我很爱你，我离不开你，我舍不得你走。"

这些话，在老伴生病那段时间里，赵尔宓经常握着妻子的手对她这样说过。每一次，涂茂浰听完，便会幸福地微笑，眼睛里闪出热恋时那种柔情的光。然而，这一次，妻子再也听不见他深情的告白……

同年底，赵尔宓个人独著《中国蛇类》（上、下卷）正式出版。书中的首页画有一幅"勿忘我"植物，用中、英文写着："作者谨以此书献给已故爱妻涂茂浰教授。"

在涂茂浰逝世一周年时，赵尔宓还精选了她各个时期的照片，设计编排印制了画册，题名《永远想念你》。

黑色封面上，是涂茂浰的剪影。她小巧的鼻头微翘，目光注视着远方，透

2003 年，赵尔宓与涂茂浰金婚纪念日，老同学、同事、学生们一起庆贺

出一抹娇俏。

翻开封面，扉页上写着："我的爱妻、孩子们的母亲——茂浰，离开我们已快一年，思念之情与日俱增。我们全家决定编印这本影册：寄托哀思，缅怀她和我们共同度过的那些美好时光，作为她逝世一周年的纪念。"落款签名为赵尔宓。

翻开影集，上面有："大学时代，赵尔宓、涂茂浰还有其他同学一起去郊外野炊的黑白照片""1953 年，两人的结婚照""2003 年，50 年金婚纪念照"……看到这些照片，时间似乎回到了那些美好的日子，赵尔宓脸上露出一丝微笑。

"我要把这份记录了我们二人相识、相知、相守、相濡以沫的礼物送到老伴灵前，我才安心。"清明节时，赵尔宓为老伴送上了这份纪念影集。看到影集里妻子熟悉的笑颜，忆起从此阴阳相隔的那一瞬间，这位一向痴迷科学研究、性情豪爽耿直的老人颤抖了声音，泪满了眼眶。

现在，涂茂浰的骨灰依然摆放在赵尔宓家中。"华西坝是我们的媒人，我

2006 年，老伴去世，赵尔宓和三个女儿、老伴在家中留下最后一张全家福

们在这里相识、相爱。等我走了后，我要和爱人的骨灰混合在一起，让孩子们把骨灰撒到华西坝的草坪上。"

"我认为，此生最大的成功是婚姻，因为我选择了最理想和最聪慧的妻子，她不仅是最完美的女性，也是我情深似海最忠实的伴侣，更是我一生的良师和挚友。我所做的一切工作都离不开她的帮助，我如有任何一点成就都铭刻着她的辛劳。我想要告诉她：如果有下辈子，我还要和你做夫妻！"

## 第三节　来自自然，回归自然

　　将我和我一直珍藏在身边的，你妈妈的骨灰混合后，与大地融合在一起（撒掉或树葬），不留任何痕迹。我和茂洄来自自然，也要无拘无束地回归自然……最后一次谢谢所有关心我，帮助我和爱我的人！

——永远爱你们的爸爸　赵尔宓

　　时光弹指一挥间……我于 2013 年第一次采访这个可爱又可敬的老人时，他已经 83 岁了，但丝毫看不出是 83 岁的样子。

　　他鹤发童颜，身手敏捷，成天笑眯眯的，爱和身边人开玩笑，像个"老顽童"。

　　每次采访完，他都要执意请我吃饭，而且"随便挑"。我发现他老人家胃口很好，每顿都要吃肉。他笑呵呵地说："他们都说老人要吃清淡的，可我就是爱吃肉，尤其是红烧肉，每次都能吃好几块。"

　　他还总是细心地给我介绍每个菜肴有什么特色，哪个好吃，哪个不好吃，帮我做选择。正好我也是个"肉食动物"，尽管他也爱吃肉，但他怕我碗里肉少，常常将他碗里的拨给我，并嘱咐："肉多吃点没问题，但肥肉可以少吃，长胖对身体也不好。"

　　到后来我才慢慢明白过来，赵尔宓特别爱请学生们吃饭，除了喜爱和学生打成一片之外，这其中也包藏着一些"私心"。他最爱吃甜烧白之类的肥肉，但家里几乎不让吃，只有出来和学生在一起，才可以顺带过过瘾。

　　赵尔宓睡觉也总是睡得很香，总爱睡懒觉。

他曾对我抱怨一样地说："我就不懂那些老头老太太每天早上5点就爬起来做什么，反正我不想起来。"他说自己每晚上九、十点就睡，早上八点才起，下午还要睡两三个小时的午觉。

他还说："我们家遗传基因好，我父母都活到很大年纪。所以，我下一个目标是至少活到90岁！"

在多年当赵尔宓助手的大女儿赵蕙眼中，赵尔宓生活中虽然是一位慈爱、可爱的父亲，但工作中，却是一位十分严厉的老师。

"父亲从小要求我们好好学习，告诉我们做好学问首先要学会做人。做科研就要实事求是，不能用可能、大概来描述，必须用实实在在的数据来说话。"在赵尔宓的言传身教下，大女儿赵蕙也选择从事生物学方面的工作，并且跟着父亲走遍了中国各地。

在女儿们看来，父亲其实是个"矛盾"的人。他好静，不喜欢体育运动，曾笑称"研究两栖爬行动物的人就是懒得动"，但他却因为科研工作满世界跑；他认为自己是个胆小的人，却一生都在研究被人们视为最危险动物之一的蛇类；他一生都未能学会游泳，幼年时的溺水经历让他尤其怕水，但却无数次前往海岛搞研究；他这样热爱美食和睡觉，却选择了常常需要风餐露宿的科考生活。

幸福晚年——赵尔宓　刘陈平 摄

"那些年，蛇岛上什么都没有，只有荒草、乱树和蛇。"赵女士回忆，赵尔宓虽然没有被有毒蛇咬到过，但在野外考察的过程中，也曾被无毒蛇咬过数次，因为"用木棍打草惊蛇后，毒蛇往往会逃窜，但无毒蛇有时却会攻击人。每次被无毒蛇咬到后，父亲都是用碘酒擦擦伤口，然后继续工作。"

除了这些以外，一生研究冷血动物的赵老，骨子里还是一个非常浪漫的人。

女儿赵小苓至今还珍藏着一本小时候父亲给她讲故事的《德语诗集》，记得当时父亲给她讲的普希金的诗歌。

"父亲很喜欢诗词，特别是唐诗宋词。我们都经常说到，他应该去学文学而不是生物学。"赵小苓说，"他经常把野外科考的事情给孙子辈写成小故事，讲给他们听，我还请人把他写的故事翻译成英语，拿到孩子的校刊上发表。"

在女婿薛晓武的印象里，岳父是一个风趣幽默的人。他很早就剪了光头，于是老爷子每次看到他都喊"薛光头"，大大咧咧，一点不注意自己"院士的形象"。有时说起岳父对自己的称呼，薛晓武还不好意思地摸摸自己的头。在空闲的时候，薛晓武作为特聘司机跟着岳父参加过很多次科考，还成了岳父学生们野外采集的得力助手。2009 年岳父被邀请到台湾高雄大学实验室鉴定标本时，岳父还教他数蛇的鳞片，就像对自己的学生一样耐心。在薛晓武的印象中，老爷子身体一直都很硬朗，2007 年，78 岁的他还能自己爬长白山呢。一生研究冷血动物的赵尔宓，在同事、朋友的眼中，也始终是一个温暖的人。

谭楷，中国野生动物保护协会四川分会理事，科幻世界杂志社前副总编曾撰文回忆道：

"一提起院士，总会以为他们生活在理性世界里，满脑袋瓜子里是公式、定理、符号、标本，就像两条腿的书柜，尊严得令人敬畏。但与赵尔宓接触才发现，除了理性世界，这位院士的感情世界相当丰富，多姿多彩。"

与孩子们在一起

　　当时赵尔宓曾住华西坝光明路宿舍，与谭楷家相距不远，与谭楷的父母和姐夫也都很熟。尽管住得近，然而谭楷第一次零距离接触赵尔宓先生是在四川卧龙。那是 1981 年 8 月，全国九省市青少年生物夏令营在此举行。

　　在谭先生的回忆中，赵尔宓和胡锦矗教授作为特约专家自始至终参加了夏令营的全部活动，鲜艳的红领巾在赵尔宓的脖颈上飘呀飘。

　　他和孩子们一起登上五一棚，爬上了银厂沟和英雄沟，耐心地回答一切问题。

　　朗山花海，一片云雾飘来，孩子们跳起来喊："我们抓住白云了！"赵尔宓也和孩子们一起蹦起来"抓白云"。自始至终，他和孩子们一起笑啊跳啊，完全是一副童心未泯的样子。

在夏令营的营火晚会上，赵尔宓情绪格外激动，似乎是被孩子们的快乐所感染，也为了老朋友胡锦矗教授长期坚守五一棚的精神和所取得的科研成果而敬佩，伴着篝火之光，他匆匆忙忙地即兴做了一首诗，在热烈的掌声中朗读起来：

### "五一棚"

卧龙山南，皮条河畔。

一条彩色巨龙①，在山腰盘旋。

山上竹深林密，红旗时隐时现。

巨龙勇敢攀登，没入林海不见。

松针铺成迎宾路，红桦槭树遮满天。

世界唯一熊猫野外观察站——五一棚就在山之巅。

几座帆布帐篷，几套杯盘碗盏。

一根红色橡皮管——引来一股清泉。

这就是大熊猫研究者的家，进行着世界第一流科研。

头戴耳机，手握天线。

不管天晴下雨，无论黑夜白天。

熊猫走到哪里，就向哪里登攀。

哔哔②—哔哔—哔哔，龙龙③正在午餐。

哔哔—哔哔—哔哔，珍珍已经下山。

哔哔—哔哔—哔哔，宁宁一觉睡了大半天。

迎来牛头山上多少个黎明，

白岩下升起过多少次炊烟。

女儿的学习成绩可好？

妻子④身体是否康健？

老胡的心思扑在熊猫身上，

不觉两边白发频添！

科研工作需要忘我精神，

科研工作需要持之以恒。

年轻的同学，你可知道——

科学家就是这样生活，科学家需要自我牺牲，
重要科研成果就是这样完成！

注：

①巨龙：形容每天反复穿行于山中羊肠小道的科研小组成员的队伍。

②哔哔：指接收戴着无线电颈圈的熊猫发来的信号声。

③龙龙、珍珍、宁宁都是观察对象熊猫的名字。

④胡锦矗教授的夫人陈昌秀，体弱多病。

"最后，他左手拿着诗稿，右手高举拳头，在掌声与火光之中，站成一尊宣誓的塑像。"谭楷回忆。

谭楷认为，赵尔宓在学术上的风范虽然令人高山仰止，但他内心深处似乎总蜿蜒着一条情感的小溪流，清澈动人，激情澎湃。

再次近距离接触赵尔宓，是 20 年后。

1999 年 12 月，为了收集熊猫粪便，瓦屋山自然保护区的郑明全走进神秘的"大窝凼"，突遇暴风雪，因迷路而冻死在山林。郑明全曾在赵尔宓的指导

1981年，应邀作为中学生夏令营生物组指导老师（后排中为赵尔宓）

下采集到一种树蛙，经赵尔宓鉴定为一个树蛙新种，为此，与赵尔宓结下了师生之谊。郑明全的忽然牺牲，让赵尔宓唏嘘不已。

2002年春天，四川省动物学会召开理事会。开会之前，理事们又一次谈起了郑明全。王秘书给我做了个小动作："嘘——！"让我们别大声嚷嚷，又指指赵老爷子说："他伤心得很，别再刺激他了。"

会议正式开始后，赵尔宓作了一段发言后，话音忽然低沉了许多。他说："我知道，我们大家都在怀念郑明全，这个大有作为的年轻人，刚刚上路——完全可能成为我们动物学界的栋梁之材，可惜呀，不幸遇难了！我不知道用什么更好的方法纪念他。我决定，将他捕捉到的树蛙新种命名为'明全蛙'，让郑明全的名字永存生物史册！"

赵尔宓扬起花白的头，似乎想把闪烁的泪光隐藏下去。会场上沉默了一秒，然后响起了经久不息的掌声。

2015 年春节，一向精神奕奕的赵老忽然摔伤，必须入院治疗，女儿家人们忙前忙后地照料。医院里，一向活泼乐观的他似乎变得伤感了些。他十分怀念过世的老伴，感叹"让她在那边的世界等太久了"。十年了，他终于要去陪老伴了。天堂里若能和心爱的人团聚，他一定也会是幸福地离开的。

2016 年 12 月 26 日，四川大学官方发文称，"著名两栖爬行类动物学家、中国科学院院士赵尔宓因患多种疾病，医治无效，于 2016 年 12 月 24 日 13 时 44 分在四川大学华西医院与世长辞，享年 87 岁。"

当我在第二天的寒夜里收到这个消息时，一时间，竟然不知道该如何表达我的悲伤，最后竟然选择了沉默。当初几次采访赵老时的细节，又一一闪现过我的脑海。

我只能把我所有的伤感都更努力地汇聚到这本他生前一直未曾出版的传记中去。

两栖爬行动物学家、中国科学院院士赵尔宓去世后的一切都是平静而祥和的。

赵尔宓生前工作过的办公室

他早在 2011 年即立下遗嘱：

"在我死后，丧事从简。不送花圈、不设灵堂、不开追悼会……不立碑、不建墓，一切繁文缛节全免……我和你们妈妈（赵尔宓的已故夫人涂茂浰教授）来自自然，也要无拘无束地回归自然。"

26 日，赵尔宓院士的女儿也将父亲去世的消息告知亲友，并在写给四川大学生命科学学院的信件中写道：

"遵照父亲遗愿，去世后的丧事一切繁文缛节全免，不收礼金，不给大家增加麻烦，待后事处理完毕后，再通知单位及各位亲朋好友。正如'轻轻地来一样，也悄悄地离开'。现在，我们把这一不幸的消息告知给你们。父亲走得很平静、很安详，他的遗体已经火化了。我们衷心感谢中科院各位领导和师生在父亲有生之年，对他在工作中的支持和帮助，在他晚年和生病住院期间对他的关心和照顾。这也是我们的父亲生前经常念念不忘的。"

就这样，这位与"冷血动物"打了半个多世纪交道的科学家，走完了他"热血"的一生。

赵尔宓先生去世的消息被家人告知亲友与社会后，大家都在怀念他。微博、微信朋友圈里被满满的哀悼刷屏：

成都华希昆虫博物馆赵力："惊闻讣告，昔日恩师，世界著名两栖爬行动物专家，中科院赵尔宓院士前日辞世，享年87岁。先生之风，山高水长。"

国家动物博物馆员工："惊闻中国科学院院士、著名两栖爬行动物学家赵尔宓先生于12月24日病逝于成都。先生一路走好。"

中国科学院昆明动物研究所官方微博："他代表了中国两栖爬行动物学研究的一个时代。沉痛哀悼赵尔宓院士，愿一路走好！"

中国科学院官网："赵先生的学术成长经历与中国两栖爬行动物学研究的创立和发展一脉相承，其研究成果为中国乃至世界的两栖爬行动物学科发展、地球环境演变、生物多样性保护、生物资源利用、人类可持续生存与发展等做出了杰出的贡献，而他对待科学的严谨态度与永不言弃的精神、成功经验与人

查看标本

生感悟同样是一笔宝贵的精神财富。

赵先生的一生充满爱和奉献。他热爱祖国，热爱生命，热爱自然，热爱科学事业，他关爱家人，关爱同事，关爱学生。他孜孜不倦，治学严谨，为人坦率，风趣豁达，用自己毕生对生命的发现和探索完成了自身人生的进化与进阶，诠释了奉献科学事业的崇高人生价值，其对生命的敬畏与豁达昭然于心、铭刻于品。"

国际两栖爬行动物协会："We are sad to announce the passing of Ermi Zhao (赵尔宓), a colleague, friend, scientist and world-renowned herpetologist, last month in December 2016. Zhao Ermi is best known as the former deputy director of the Chengdu Institute of Biology, who presided over a prodigiously productive program of new species discoveries, systematic analysis, and biogeographic explorations becoming one of the leading experts of Chinese herpetology. He is best known to western scientists as the co-author of Herpetology of China with Kraig Adler in 1993. In addition, he wrote several books on Chinese amphibians and reptiles and wrote over 140 scientific papers including several new species, subspecies and even generic descriptions for amphibians and reptiles. He became a member of the Chinese Academy of Sciences in 2001 and was named an Honorary Foreign Member of ASIH in 2008. Zhao Ermi will be remembered for his curious mind, his scientific rigor and dedication to herpetology. (我们在此沉痛地哀悼一位我们的同事、朋友、科学家和世界知名的两栖爬行动物学者——赵尔宓先生……赵尔宓先生对两栖爬行动物界的贡献，他严格的科研精神，他旺盛的好奇心，将永远被我们铭记！）

……

除此之外，还有很多人，无论他们是在祖国的大山深处，还是国外的繁华深处，都在心中默默为这位老人的去世伤感，怀恋曾经与他相遇，受他帮助，和他相处时的点点滴滴。

对于赵尔宓来说，这样走到人生终点或许并不意外与难过。因为赵尔宓先生的一生，是与大自然和谐相处的一生，是与人们在一起快乐而富有贡献的一生。他去世时十分平静安详。我在此真诚祝愿赵老，一路走好，天堂永安，夫妻团聚。

在这本传记完成之际，除了对帮助过我的前辈们表示感谢之外，我还有一些特别的感悟不得不提。

赵尔宓是我国杰出的两栖爬行动物科学家，亦是世界在此领域的著名学者之一。尽管取得了诸多辉煌成就，但在与赵老的多次接触中，我发现他实质上是一个重感情更甚于事业的人。

当他从远山近雾中回眺人生风景，关于"那些人、那些事"的记忆总是尤其深刻，对紧随自己一生的科研经历反而不那么在意。

记得在一个飘雨的清晨，我前去采访，原本目标是挖掘他在科考方面的经历，于是便拿出《赵尔宓选集》请他签名，欲直接从学术研究中切入主题。

赵老欣然同意。签毕，他说："我有个问题问你。你看我这目录，发现有什么特点没有？"

我很乐意深入探索下去："研究对象都是两栖爬行类？""发

现了许多新物种？""提出了许多新理念？"

赵老微笑着说："都没有说到家。"

他翻开这本红彤彤、沉甸甸的巨著第一篇，说："首先是感谢老师——'师恩胜海深'！所以先把老师摆在前面，没有老师就没有我……"

尽管我曾在之前采访中多次听赵老谈起过他的老师，但这次面对这样重要的学术著作，我没想到作为一位科学家的赵老首先想到的还是自己的老师。这只能证明赵老对老师的感情之真挚，实在非常人所能及。

在怀念完他的老师——刘承钊、秉志、徐福均后，赵老才开始讲解本书主题：我国两栖爬行动物新纪录、两栖爬行动物分布调查和区系分析。

我随意翻开一页，一幅幅精美的蛇、龟照片映入眼帘。我不禁惊呼："好漂亮！"赵老笑了笑，从我手里捧过书，翻开书开头几页一指："漂亮的在这里呐！"

我凑上前去，以为会看见更精彩的蛇类，如"莽山烙铁头"或"墨脱竹叶青"，不料却是一张张泛黄的老照片："1953年与涂茂浏结婚照""20世纪70年代与茂浏在杭州""1965年全家摄于华西大学光明路宿舍前"……

画册从第二页变成了彩色。内容是："2002年与家人在海南岛三亚兴隆热带植物园""2006年与茂浏最后一次合影""2011年在三个女儿家中"……

赵老抚摸着这一张张老照片，兴致勃勃地讲解下去。一会儿，他意识到跑题了，不好意思地抬头问我："我忘了，我刚给你看这些做什么？"

我说："您在给我讲您美丽的人生故事。"此刻，我心中充满温情。

我忽然间意识到——或许人生就是这样，无论曾多么轰轰烈烈，最后恋恋不忘、刻骨铭心的，只有人与人之间的感情。世界是由智慧发展，但却是用心构筑的。

这样的经历，也让我反思——到底什么才是人生中最美的风景。

# 赵尔宓院士主要贡献

1. 新种发现

在两栖爬行动物分类研究中，赵尔宓发表两栖爬行动物（亚种）41 个、新属 2 个、我国新纪录科 1 个和新纪录种 17 个，其中包括"蛇岛蝮""墨脱竹叶青""莽山烙铁头"等。

他是我国首批入藏考察的两栖爬行动物学者之一，为西藏增加 8 个新种和 10 个中国或西藏新记录种，并首次报道在墨脱希壤采集到眼镜王蛇，将其分布范围向北推移了 4 个纬度，认为这是亚热带动物沿雅鲁藏布江大峡谷水汽通道向北扩散的证据。

2. 动物地理学研究

对西藏两栖爬行动物地理区划、横断山区两栖爬行动物区系、中国蛇类分类和东亚岛屿动物地理学等提出了许多新见解和新观点，根据西藏物种分布的实际情况将喜马拉雅山南坡划为东洋界中印亚界西南区的一个新亚区；主要依据爬行动物的分布首先提出在动物地理区划的西南区增加一个新的"喜马拉雅南坡亚区"。

3. 学术著作

发表论文 140 篇，主编、编写学术著作 40 种，创办期刊、丛书 4 种。他的论著被国内外同行引用 600 余次，其中，SCI 引用 95 次，CSCD 引用 148 次。主编或参加编写专著、工具书等共 30 余种，包括《中国两栖爬行动物学》《中国动物志》《中国蛇类》等具有里程碑意义的著作。其中与美国学者 Kraig Adler 合作编著的《中国两栖爬行动物学》是全面系统论述我国 661 种两栖爬行动物的第一部专著。《中国蛇类》全面、系统地总结我国爬行动物分类方面的研究成果。编辑出版了《两栖爬行动物学报》《蛇蛙研究丛书》《四川动物》等系列书刊。

4. 生产实践

毒蛇及防治研究：提出对新疆西部草原毒蛇危害的防治措施，首次提出"我国毒蛇咬伤的医学地理学"概念，参与制成云南蛇药，指导毒蛇咬伤防治实践。

与海南高校合作，招收养殖专业的硕士、博士研究生，为公司输送养殖人才，为其提供系统的知识和理论。

# 赵尔宓发表的新种（年代序）

1. 秦岭滑蜥（1966）胡和赵

*Scincella tsinlingensis* (Hu and Zhao, 1966)

2. 四川攀蜥（1966）胡和赵

*Japalura szechwanensis* (Hu and Zhao, 1966)

现被作为横纹龙蜥 Diploderma fasciatum（Mertens, 1926）的同物异名

3. 美姑脊蛇（1966）胡和赵

*Achalinus meiguensis* (Hu and Zhao, 1966)

4. 丽纹腹链蛇（1966）胡和赵

*Hebius optatus* (Hu and Zhao, 1966)

5. 海南闪鳞蛇（1972）胡和赵

*Xenopeltis hainanensis* (Hu and Zhao, 1972)

6. 粉链蛇（1972）胡和赵

*Lycodon rosozonatus* (Hu and Zhao, 1972)

7. 墨脱竹叶青蛇（1977）赵

*Viridovipera medoensis* (Zhao, 1977)

8. 广西后棱蛇（1978）赵和江和黄

*Opisthotropis guangxiensis* (Zhao、Jiang and Huang, 1978)

9. 云南颈斑蛇（1978）赵和江和黄

*Plagiopholis unipostocularis* (Zhao、Jiang and Huang 1978)

现被作为颈斑蛇 *Plagiopholis blakewayi* Boulenger, 1893 的同物异名

10. 乡城原矛头蝮（1978）赵和江和黄

*Protobothrops xiangchengensis* (Zhao、Jiang and Huang, 1978)

11. 蛇岛蝮（1979）赵

*Gloydius shedaoensis* (Zhao, 1979)

12. 红原沙蜥（1980）赵和江和黄

现为青海沙蜥红原亚种

*Phrynocephalus vlangalii hongyuanensis* (Zhao, Jiang and Huang, 1980)

13. 颈棱蛇西昌亚种（1981）赵和江

*Macropisthodon rudis multiprefrontalis* (Zhao and Jiang, 1981)

14. 横纹白环蛇（1981）赵和江

*Lycodon multizonatus* (Zhao and Jiang, 1981)

15. 圆腺蟾蜍（1982）赵和黄

*Bufo cycloparotidos* (Zhao and Huang, 1982)

现被作为史氏蟾蜍 *Bufo stejnegeri* Schmidt, 1931 的同物异名

16. . 皱纹齿突蟾（1982）赵和江

*Scutiger ruginosus* (Zhao and Jiang, 1982)

现被作为刺胸齿突蟾 *Scutiger mammatus* (G ü nther, 1896) 的同物异名

17. 桓仁滑蜥（1982）赵和黄

*Scincella huanrenensis* (Zhao and Huang, 1982)

18. 九龙颈槽蛇（1983）江和赵

*Rhabdophis pentasupralabialis* ( Jiang and Zhao, 1983)

19. 网纹小岩蛙（1984）赵和李

现为网纹舌突蛙 *Liurana reticulata* (Zhao and Li, 1984)

20. 墨脱树蜥（1984）赵和李

*Calotes medogensis* (Zhao and Li, 1984)

21. 凉山湍蛙（1984）吴和赵等

*Staurois liangshanensis* (Wu and Zhao, 1984)

现被作为棕点湍蛙 *Amolops loloensis* (Liu, 1950) 的同物异名

22. 墨脱裸趾虎（1987）赵和李

*Cyrtopodion medogense* (Zhao and Li, 1987)

23. 黑头剑蛇米易亚种（1987）赵和寇

*Sibynophis chinensis miyiensis* (Zhao and Kou, 1987)

24. 腾格里蛙（1988）赵 Papenfuss 和 Macey

*Pelophylax tenggerensis* (Zhao Papenfuss and Macey, 1988)

25. 刘氏石龙子（1989）匹田努和赵

*Plestiodon liui* (Hikida and Zhao, 1989)

26. 周氏闭壳龟（1990）赵和周和叶

*Cuora zhoui* (Zhao、Zhou and Ye, 1990)

27. 莽山烙铁头蛇（1990）赵

*Protobothrops mangshanensis* (Zhao, 1990)

28. 瓦屋山腹链蛇（1990）Inger, 赵、Schaffer 和吴

*Hebius metusia* (Inger, Zhao、Shaffer and Wu, 1990)

29. 密点齿蟾（1993）吴、赵、Lnger 和 Shaffer

*Oreolalax multipunctatus* (Wu、Zhao、Inger and Shaffer, 1993)

30. 合江棘蛙（1995）吴和赵

*Rana robertingeri* (Wu and Zhao, 1995)

现被作为棘腹蛙 *Quasipaa boulengeri* (Günther, 1889) 的同物异名

31. 海南闪鳞蛇大陆亚种（1995）赵

*Xenopeltis hainanensis jidamingae* (Zhao, 1995)

32. 紫沙蛇台湾亚种（1995）赵

*Psammodynastes pulverulentus papenfussi* (Zhao, 1995)

33. 山烙铁头蛇贡山亚种（1995）赵

*Ovophis monticola zhaokentangi* (Zhao, 1995)

34. 竹叶青蛇海南亚种（1995）赵

*Trimeresurus stejnegeri chenbihuii* (Zhao, 1995)

35. 海南颈槽蛇（1997）赵

*Rhabdophis adleri* (Zhao, 1997)

36. 西藏岩蜥（1998）赵

*Laudakia papenfussi* (Zhao, 1998)

37. 吴氏岩蜥（1998）赵

*Laudakia wui* (Zhao, 1998)

38. 明全蛙（1999）赵

*Rana zhengi* (Zhao, 1999)

39. 莽山后棱蛇（1999）赵

*Opisthotropis cheni* (Zhao, 1999)

40. 海南锯腿树蛙（2005）赵、王和史

*Kurixalus hainanus* (Zhao、Wang and Shi, 2005)

41 庙岛蝮（2009）江和赵

*Gloydius lijianlii* ( Jiang and Zhao, 2009)

# 赵尔宓院士大事年表

1930 年

1 月 30 日出生于四川成都。

1947 年

考入华西协和大学生物学系。

1951 年

华西大学生物学系毕业，被分配到哈尔滨医科大学任助教。

1953 年

8 月 9 日，与树德中学校友、华西大学药学系的学妹徐茂润结婚。

1954 年

调回成都。

1955 年

大女儿出生。

1956 年

年底，双胞胎女儿出生。

1962 年

开始给刘承钊当助手。在刘承钊教授的指导下，从事两栖爬行动物分类学研究。

1963 年

在贵州山区兴义县采集到剧毒的尖吻蝮（五步蛇、犁头匠）的标本。

1964 年

在导师刘承钊的带领下，到海南开展了近 8 个月的两栖爬行动物调查，前后到过五指山、吊罗山、鹦哥岭、尖峰岭、三亚落笔洞等地，在海南发现了许多两栖爬行动物新种，比如海南闪鳞蛇、粉链蛇、海南颈槽蛇等。

1965 年

调到中国科学院成都生物研究所，与刘承钊的夫人胡淑琴一起继续两栖爬行动物分类学研究。历任研究室主任、生物所副所长、研究员。

1969—1970 年

根据中国科学院下达的国防任务，参加云南毒蛇危害调查，进行动物实验中毒药物保护作用的筛选。在此期间与云南省动物研究所的同事合作，经过 108 次配方、数百次实验，成功研制了"云南蛇药"。

1973 年

成为首批入藏考察的两栖爬行动物学者之一。在墨脱考察时，发现了西藏独有的 8 种两栖爬行动物，其中就包括由他所命名的新蛇种"墨脱竹叶青"。

1976 年

提出对新疆西部草原毒蛇危害的生态防治措施。

1978—1979 年

前后三次登陆蛇岛，命名新种"蛇岛蝮"，并提出它在蛇岛上的起源和演化见解。1978 年 1 月，获全国科学大会奖。

1982 年

创办《四川动物》和《两栖爬行动物学报》。

1983 年

应邀担任世界两栖爬行动物学会执行委员。鉴定西藏墨脱的眼镜王蛇。

1987 年

参与考察和编写的《西藏两栖爬行动物》出版。

创办英文版 *Asiatic Herpetological Research*（《亚洲两栖爬行动物研究》）。

1988 年

应中美学术交流委员会邀请赴康乃尔大学作访问教授，被选为美国 Sigma Xi 自然科学终身荣誉学会会员。

3月，获竺可桢野外科学工作奖。

1988—1997年

当选第七、八两届全国人民代表大会代表。

1989年

当选为美国加州科学院荣誉院士（终身）。

9月，鉴定并命名了体型巨大、形态特殊的莽山烙铁头蛇，以后他的学生依此建立了新属，以他的名字命名为 Ermia。培养了中国"蝴蝶王子"赵力，给他"开小灶"，此后，多次帮助赵力的昆虫事业。

1990年

出版《从水到陆：蛇蛙研究丛书》。

1991年

应聘为柏克利加州大学客座教授、IUCN 中国爬行两栖动物专家组主席。

1992年

首次提出"我国毒蛇咬伤的医学地理学"概念，指导了毒蛇咬伤防治实践。筹备组建全国两栖爬行动物学会。

1993 年

与美国鹰岩教授合作出版《中国两栖爬行动物学》(*Herpetology of China*)。

1998 年

主编的《中国动物志·爬行纲·蛇亚目》第二卷出版，完成了刘承钊教授1956 年起就诞生的心愿。

1999 年

当选全国归侨侨眷先进个人。主编的《中国动物志·爬行纲·蜥蜴亚目》第三卷出版。

2001 年

当选为中国科学院院士、四川省学术和技术带头人。

2002 年

被授予四川省第四次民族团结进步模范个人。

2003 年

主编的《四川爬行类原色图鉴》出版。

当选为美国两栖爬行动物学家联盟（HL）荣誉会员（终身）。

2003—2006 年

致力于科研与生产力的转化与野生动物保护。

2004 年

被永州"异蛇王"谭群英女士的企业聘请为养蛇高科技技术指导。

2006 年

出版《中国蛇类》。

7 月 18 日至 8 月 14 日,去新疆考察。

2010 年

1 月 20 日,中国科学院成都生物研究所召开座谈会,庆贺赵尔宓院士从事科研教学工作 60 年。指导编写并亲任副主编的《西藏两栖爬行动物多样性》《中国的毒蛇防毒与蛇伤防治》出版。

2011 年

4 月,主动担任"我与科普基地成都的科技童年"活动的首位讲解员,呼吁道:"一个民族不能缺少创新,创新必须从孩子抓起。"指导编写并亲任副主编的《海南两栖爬行动物志》出版。

2016 年

12 月 24 日,在四川大学华西医院与世长辞,享年 87 岁。